最後の社主

朝日新聞が秘封した「御影の令嬢」へのレクイエム

樋田毅
Tsuyoshi Hida

講談社

「新聞王」と言われた祖父・村山龍平に抱かれる美知子

神戸・御影の自宅での家族写真。左から長挙、於藤、美知子、一人おいて龍平翁

古典歌舞伎「助六」の衣裳で

女学生時代

作曲家・呉泰次郎氏の音楽塾に通い音楽理論や作曲法を学んだ。オーケストラ指揮の経験も

朝日新聞社機「神風号」の壮行・出発式で飛行士に花束を贈呈。左は父・長挙（'37年）

御影の自宅で撮影された村山家の家族写真。
左から於藤、美知子、長挙、富美子

イスラエル・フィルハーモニーとともに来日し、
凄絶な演奏を聴かせた
レナード・バーンスタイン（'85年）

イタリア人指揮者ジュゼッペ・シノーポリ（左）。
マーラーの大曲「1000人の交響曲」を
演奏したことが話題に（'88年）

「帝王」と言われたヘルベルト・フォン・カラヤンが
世界の頂点に立つベルリン・フィルハーモニーを率いて来日。大阪空港に出迎える（'70年）

「全国通信局長会議」出席の際、
東京・築地の朝日新聞社前で撮影（'82年）。
築地新社屋は、'80年に竣工したばかりだった

朝日新聞が主催する全国高校野球選手権大会を、甲子園球場の貴賓室で視察。
左は中馬清福大阪代表（'98）

「村山美知子さんの叙勲を祝う会」で挨拶する岸信介元首相。国際文化交流への貢献によって、
フランス、スペイン、オランダなどから7個の勲章を授与された（'83年、東京・帝国ホテル）

最後の社主
朝日新聞が秘封した「御影の令嬢」へのレクイエム ❖ 目次

第一章　深窓の令嬢

出会いの日

縁あって、村山美知子という女性に都合七年間、お仕えした。

美知子さんは朝日新聞社の社主であり、朝日新聞社を創業した村山龍平氏の孫である。最後に面会したのは、二〇一九年一一月二八日だった。美知子さんの甥で、村山家を継いだ村山恭平さんに同行してもらい、美知子さんの入院先の大阪市北区の北野病院を訪ねた。

十一ヵ月前にお目にかかった時と同様、ほとんど意識がなく、会話などは叶わなかった。亡くなったのは二〇二〇年三月三日。満九九歳だった。ご冥福を心からお祈りする。

私が村山美知子さんに出会ったのは二〇〇七年春。当時は朝日新聞社の社員、大阪本社秘書課の主査という肩書だった。朝日新聞社と村山家は長い間、社の経営権・株式所有問題などをめぐり緊張関係が続いていた。このため、私の密かな任務は、美知子さんのお世話役を務めながら、村山家の内情を探ることにあった。

しかし、村山家に長く出入りするうち、次第に美知子さんの気品に溢れた人柄、自分に厳しい生き方に強く惹かれるようになった。そして、社主家の重荷を背負いつづけた人生に深い共感を寄せるようにもなった。さらに、あることをきっかけに、美知子さんへの朝日新聞社側の対応に、納得できない思い、もっと言えば義憤のような思いを抱くようになった。その「あること」が何だったのか、後の章で明らかにしていく。

美知子さんは「最後の深窓の令嬢」といわれ、きらびやかな一生を送った。本書の書き出しは、僭越（せんえつ）ながら私と美知子さんの「出会い」の場面から、とさせていただく。

二〇〇七年三月八日午後、私は朝日新聞大阪本社代表の池内文雄氏に付き添われ、神戸・御影（みかげ）の村山邸をはじめて訪ねた。

庭園と合わせ約六〇〇〇坪の広壮な邸宅。

一〇〇〇本を超える木立に囲まれ、そびえ立つ洋館は、西洋貴族の屋敷のごとき偉容を誇っている。もう一棟は六〇畳敷の大広間と高楼を併せもった日本館で、その規模の大きさと豪華さに、度肝を抜かれた。通路には無造作に美術品が置かれ、壁には名画が飾られていた。

洋館と日本館に挟まれた居住棟一階の三〇畳ほどの一階応接間で、私は車椅子に座ってくつろぐ村山美知子さんをまじまじと見つめた。応接間は二面が総ガラス張りで、部屋いっぱいに広がる早春の日差しを背に、当時八六歳だった美知子さんがまぶしく輝いて見えた。

「この人が、あの村山美知子という人なのだ」。心の中で、そうつぶやいたのを昨日のことのように覚えている。季節の挨拶の後、池内氏が、こう切り出した。

「今日は、美知子さんのために新しいお世話役を連れてきました。樋田君は社会部の事件記者が長かったので、不調法なところは多々ありますが、いいやつなのでよろしくお願いします」

美知子さんは微笑（ほほえ）みながらうなずいた。

四月一日の最初の勤務の日。私は、社会部時代の先輩で当時は大阪秘書役を務めていた安冨幸雄氏の指示通り、村山邸の玄関ではなく、台所の「勝手口」から入った。二階の美知子さんの部屋に通じる階段の踊り場で、私は背筋を伸ばし、直立不動の姿勢で立った。数歩上がった先のガラス戸越しに、車椅子に座る美知子さんの後ろ姿があった。私は緊張しながらも、美知子さんに聞こえるように、大声で叫ぶように言った。

「ごめんくださいませ。ただいま樋田が参りました」

これまでの人生で、一度も発したことがない言葉遣い。全身から冷や汗が滲（にじ）み出る。

間もなく、付き添いの高齢の女性から、こんな言葉が返ってきた。

「ご用がとくになければ、お会いできないとのことです」

そうか。いくら「お世話役」であっても、用がなければ、そう簡単には朝日新聞社の社主様には会えないのだ。

その日から、村山美知子さんに会うための「用」をとにかく見つけようと心がけるようになった。たとえば、週一回届ける朝日新聞社の出版物『週刊朝日』と『ＡＥＲＡ』も、別々の日に届けることにした。とはいえ、この週刊誌も先輩の安冨氏と「どちらが届けるか」で奪い合い。何らかの理由をつくって美知子さんに会うために必死だった。

「とんでもない世界に入ってしまった」

ここまで「美知子さん」と書いてきたが、実は、私たちは美知子さんのことを、「社主」と呼んでいた。付き添いの女性たちも、専属の料理人も、朝日新聞社、村山家と関わりの深い香雪美術館の幹部や職員たちも、みんな、そうだった。歴代の朝日新聞社の社長や大阪本社代表らは、彼女のことを「社主」と呼んだり、「美知子さん」と呼んだりしていた。そう言えば、冒頭に登場した元朝日新聞大阪本社代表の池内氏は、いつも親しみを込めて「美知子さん」と呼びかけていた。

本書では、取り扱う時代や状況に合わせて「社主」「美知子社主」「美知子さん」を適宜使い分けた。また、祖父の龍平氏については、敬意を込めて「龍平翁」と書く。

さて、私が「社主」とはじめて話ができたのは初出勤から五日後、四月六日の夕方だった。その三日前、四月三日に村山龍平翁の出身地の三重県玉城町で「村山龍平翁生誕祭」が催され、私も出席していた。「社主の名代（みょうだい）としてはじめて玉城町へ行ってまいりました」と報告すると、美知子社主は大変機嫌が良く、こちらで用意した写真に一枚ずつじっくり目を通した。

「昔は会場の隣に旅館があったのよ。いまはどうなっているかしら」

「神主さんが若くなったわね。以前の人の息子さんかしら」

私は、社主の記憶力に驚きつつ、「神事を司ったのは、地元の田丸神社の宮司さんなので、きっと、代替わりされているのでしょう」と曖昧（あいまい）に答えた。

美知子社主は、玉城町にまつわる思い出話を続けた後、田丸城址の石碑に刻まれた和歌、祖父の村山龍平翁が故郷を思って詠（よ）んだ歌をそらんじた。

「『幾千とせ　かはらぬことを　祈るなり』。それから、え～っと、『この城山は　このさとの神』だったかしら。あら、ちゃんと、思い出すことができたわ」

この時の美知子社主の、溢れるような笑顔。一ヵ月前に、はじめて挨拶した時の穏やかな表情がよみがえり、ほっとした。

しかし、それもつかの間。その後、約一ヵ月にわたって、美知子社主と会うことは叶わなかった。大阪本社に届いた社主宛ての手紙を届けても、週末に社主の大好物と聞いていた大阪の老舗（しにせ）・すし萬の「小鯛雀鮨」を届けても、例によって付き添いの高齢の女性から「(室外に) 置いてもらって、と社主がおっしゃっています」と言われ、引き下がるしかなかった。なんて気まぐれな「お嬢様」なんだろう。もう、こうなったら警察取材をしていた時の「夜討ち・朝駆け」のように、粘り強く繰り返すしかない。

四月一二日、安冨氏経由で美知子社主からの最初の「用」を申し付けられた。

「いただき物の和光の置き時計を修理してきてほしい」とのこと。「社主は、和光の時計は和光で直してもらうようにとおっしゃっている。大阪では、和光は心斎橋のホテル日航大阪にしか店がないから、そこへ行くように」と言う。もちろん、指示の通り、タクシーを走らせて心斎橋のホテル日航大阪へ。

しかし、いざ和光を訪ねると、「申し訳ないですが、うちは時計の修理はしていない。どうしてもとおっしゃるなら、東京の銀座にある本社へ小包で送ってほしい」と言われてしまった。私は、御堂筋を隔てて反対側にある大丸百貨店心斎橋店の時計売り場へ向かった。時計売り場の男性は「お客様、これは電池切れで動かないだけです」。電池を取り替えると、置き時計は動き出した。私は安堵(あんど)して、村山邸へ戻った。

ところが、安富氏はレシートが大丸百貨店となっているのを目ざとく見つけると、怒った表情で「困るじゃないか。なぜ和光で直してもらわなかったのか?」と詰問した。事情を話しても、「ここでは勝手な判断、行動は許されない。必ず社主にお伺いを立て、それに従ってくれ」

私は、とんでもない世界に入ってしまったと思いつつ、「これからは朝日新聞社の社員ではなく、村山家の奉公人になったつもりでいよう」と覚悟を決めた。

この話には、後日談を付け加えなければ公平を欠く。村山家に出入りするようになって半年ほど経ち、美知子社主と打ち解けて話ができるようになったころ、「社主、私が最初に社主から頼まれた仕事は、和光の置き時計の修理でしたが、大丸百貨店で修理してしまい、申し訳ありませんでした」と謝ると、美知子社主は「あなた、気を遣いすぎなのよ。和光で修理できないのなら、どこで修理してもらってもよかったのよ」と笑いながら話していた。

「御霊様」との会話

とはいえ、美知子社主が生活全般に強いこだわりを持って暮らしていたのは事実だった。朝食のパンはウェスティンホテル大阪の「ホテルショップ・コンディ」にある「パンドミ」と決まっていた。

なぜ、このパンを選ばれたのか、経緯はわからない。私も密かに試食したが、クリーミーな独特の味わいがあって、美味しいと思った。一斤を一〇枚に切ってもらい、一枚ずつラップして冷凍庫で保存する。社主は毎朝一枚ずつ口にする。初めのころは六枚切りだったが、「ダイエットのため」ということで、だんだん薄くなっていった。

ウェスティンホテルでこのパンを買い、お屋敷に届ける。この時は美知子社主と会えることが多かったので、貴重な機会になった。

付き添いの女性たちによると、美知子社主はパンのトーストの具合にもこだわり、「うっすら焦げ色がついたもの」でなければならなかった。バターとハチミツをたっぷり塗る。紅茶の淹れ方にも、こだわりがあった。砂糖を軽く二杯、牛乳を少し入れる。ただし、紅茶の銘柄については、英国のブランドものをいろいろ楽しまれていた。私が百貨店などで新たなブランドを見つけて届けると、「今回は、ちょっと渋味がきついわね」などと楽しげに批評された。朝食の最後は、半分に切ったグレープフルーツにヨーグルトをかけたもの。ラジオを聴きながら、時間をかけてゆっくり食べるのが常だった。

ほかにも、コンソメスープは帝国ホテルの缶詰、バターやトマトジュースも銘柄が決まっていた。美知子社主には専属の料理人がいたが、この料理人が休みを取る週末の昼食は、関西の高級スーパー「いかり」のそうめんセット、あるいはすし萬の小鯛雀鮨という具合だった。

美知子社主の日々の暮らしを、すぐそばで見守るようになって、感心させられたこともあった。

毎日、朝日新聞の朝刊、夕刊が届くたび、一階応接間にある村山龍平翁など先祖の遺影が並ぶ前に作られた「祭壇」に供えられる。一時間ほどの「お供え」が終わった後、「書生」と呼ばれていた学生アルバイトが二階に新聞を届ける。美知子社主は「ご苦労様」と言って、おもむろに新聞に目を通すのだった。

「まず、お祖父様、お祖母様、お父様、お母様に新聞を読んでもらうのよ。私は、その後」

社主はそう話していた。朝日新聞社の創業家の当主の務めと心得ていたのだと思う。学生アルバイトは二人ずつ組んで、夕方から翌朝まで台所脇の部屋に泊まり込んでいた。夜間に懐中電灯を携えて広い邸内を巡回するのも学生アルバイトの仕事になっていた。

美知子社主は朝起きると、ベッドから車椅子に移り、三〇分以上かけて歯磨きをされた。

八六歳という年齢にもかかわらず、「歯が全部そろい、虫歯が一本もない」のが自慢だった。歯磨きの後は洗顔し、身支度を整えて隣室の食堂に移動する。食堂にはご両親と祖父母の特大の遺影が掲げられており、遺影のそれぞれに向かって「お祖父様、おはようございます」「お祖母様、おはようございます」「お父様、おはようございます」「お母様、おはようございます」と大きな声で挨拶し、一日が始まった。付き添いの女性たちも、美知子社主と一緒に唱和し、写真に向かってお辞儀するのである。

二〇〇五年八月一七日、八五歳の誕生日の翌日に邸内で転倒し、車椅子の生活になる前は、毎日欠かさず邸内の「祖霊舎」という小さな社へのお参りをしていた。この社は、邸内の森を分け入った先、三〇段ほどの石段を登った上にあり、美知子社主は親しみを込めて「御霊様」と呼んでいた。「小さな社」と書いたが、檜皮葺の本格的な造りで、神事の際は二〇人ほどが社殿内に入れる広さがあった。

「仕事で帰宅が遅くなった日は深夜にお参りしたのよ。雨の日は傘をさして。台風が来た日も、レインコートでお参りしたのよ」

美知子社主は、こんな思い出話を度々披露した。

私が村山邸に通うようになったころは、祖霊舎へのお参りは春、秋のお彼岸の日に催される「祖霊祭」や先祖の命日の神事に限られていた。しかし、そのお参りの際、美知子社主は必ず、祭壇の前で五分間ほど、目を閉じたまま祈りつづけていた。村山家と朝日新聞社の行く末について、思い悩み、先祖の御霊に話しかけ、相談されていたのだ、といまになって思う。

思わぬ大失態

実は、美知子社主の祖霊舎へのお参りは、当時の私には「大仕事」だった。

神事の内容によって、朝日新聞社や村山邸に隣接する香雪美術館の幹部らに出席を求める。朝日新聞社も氏子となっている大阪の御霊神社から園文夫宮司らを招き、本格的な神道儀式となる。社主は車椅子生活だったので、朝日新聞社の男性社員や香雪美術館の男性職員に協力を求め、私を含めた男性四人で、美知子社主が乗った車椅子を持ち上げ、祖霊舎への石段を登り降りしなければならない。

車椅子のフレームの四隅に手をかけ、均等な力でバランスよく上げ下げする。石段はかなり急だったので、車椅子を水平に保つため、上りの際には前の二人が、下りの際には後ろの二人が中腰姿勢にならざるをえない。毎回、数日前に予行演習もしていた。

しかし、本番では緊張し、手足にも負担がかかる。二〇〇八年秋の祖霊祭で、大失態をやらかした。参拝を終えた美知子社主の車椅子を四人で持ち上げ、石段を下り終わる寸前、後方の一人が中腰姿勢の苦しさに耐え切れず、車椅子のフレームを摑んでいた手を離してしまったのである。車椅子は大きく傾き、美知子社主はずるりと滑り落ちるように石段に尻餅をついた。穿いていたロングスカートの裾がめくれ上がり、あられもない姿に。不幸中の幸い、美知子社主は軽い打撲で済んだが、担ぎ手の男性たちは呆然自失の体（てい）で立ち尽くし、言葉も出なかった。参列していた朝日新聞社の幹部らも「何をしてくれたんだ」と憮然（ぶぜん）とした表情で見守るだけ。私は、美知子社主の怒った表情を見て、「社主、申し訳ございませんでした」と大声で叫びながら、頭を下げた。このため、美知子社主から「あのとき、手を離したのは、あなたね」と、後々まで言われた。冗談まじりの口調ではあったが、その度に「いえ、私ではありません」と言い訳をしなければならなかった。

この「事故」の後、美知子社主の車椅子での参拝は中止になり、代わって、村山邸二階の、祖霊舎の社殿を見通せる部屋に拝礼所をしつらえ、窓を開け放って参拝されるようになった。御霊神社の園宮司らは、祖霊舎での神事の途中、「玉串奉奠（たまぐしほうてん）」の際に社殿を出て、庭伝いに村山邸へ向かう。その際、私が園宮司を先導して拝礼所に案内した。拝礼所からの参拝になった後も、一心不乱に祈る美知子社主の姿は変わらなかった。

お元気な時の美知子社主は、来客を迎えるとき、必ずセンスのいい、豪華な外出着に着替えられた。指輪、イヤリング、スカーフなどを選んで身づくろいし、時間をかけて入念にお化粧をされた。二階の居室から一階の応接間へは、階段に沿って取り付けられた電動の椅子に座って移動し、一階で再び車椅子に移乗する。用意が整ったところで、付き添いの女性たちが応接間の両開きのドアを開け、美知子社主の座った車椅子をゆっくり押し出す。

「お待たせして、大変申し訳ございませんでした」

婉然（えんぜん）と微笑みながら来客を出迎える佇（たたず）まいは、気品と威厳に満ちていた。

ある日の夕方、美知子社主から呼ばれて二階に上がると、来客が手土産に持参した赤福餅（伊勢名物）がテーブルに置いてあり、「お抹茶を飲みたい」と所望(しょもう)された。いつも抹茶を点(た)てていた美術館の女性職員が不在だったため、「私でよければ、お点ていたします」と言ってみた。

美知子社主は「大丈夫かしら？　そうね。お願いするわ。以前、和服姿でお茶を点てた朝日新聞社の人がいて、おかしくって、大変だったのよ」と、いかにも愉快そうに話した。話をするうち、その男性は社会部の先輩で秘書課長をしていたころの竹村正一氏であることがわかった。

「先輩には負けられない」。私は緊張し、抹茶の量とお湯加減に注意しながら、お抹茶を用意した。子供のころ、芸事の盛んな愛知県の実家で、見よう見まねでお抹茶を点てた記憶だけが頼りだった。なかなか泡立たないので、茶筅(ちゃせん)が壊れるほど激しく動かし、なんとか、きめの細かい茶を点てた。心配しつつ茶碗を差し出すと、美知子社主はさして作法も気にせずに飲み干された。「美味しかったわ。結構なお点前(てまえ)でした」と言われ、安堵したのを覚えている。

この後、大阪本社代表の池内氏の指示もあって、私は大阪にあるＮＨＫ文化センターの茶道の教室に通うことになった。村山家と縁が深い「藪内流(やぶのうち)」の茶道を習うためだったが、足がしびれるのも辛く、座っていること自体が苦痛で、毎回遅刻した。いつも用意されている京都の老舗「末富(すえとみ)」の高級な和菓子をいただくことだけが楽しみだった。翌年の正月には、京都の藪内流本家での初釜にも出席し、千利休像の前で家元から入門証を直接授かる栄誉にも浴した。だが、一年ほど通って挫折してしまった。

　当時、村山家では毎年一一月二四日の村山龍平翁の命日に合わせ、藪内流の家元の全面協力による本格的な茶会を催していた。茶碗、棗（なつめ）などの茶道具や掛け軸などは香雪美術館所蔵の逸品をそろえる。藪内流家元のスタッフや出入り業者らが総出で準備し、濃茶（こいちゃ）、薄茶（うすちゃ）、茶懐石とフルコースで客を接待する。お昼の茶懐石は紅葉（もみじ）の木々に囲まれた中庭で、周囲に紅白の陣幕を張り巡らせ、中央の大きな焚き火を囲むように席が配された。大阪・高麗橋の料亭・吉兆による出張料理で、客をもてなした。朝日新聞社の社長、大阪本社代表ら役員も出席するのだが、濃茶、薄茶などの藪内流の作法を知る者はいなかった。そこで、私が通っていたＮＨＫ文化センターの茶道教室で講師的な立場だった女性に依頼し、藪内流のお茶のいただき方を習得するためのＤＶＤを制作した。生徒役として登場するのは私と大阪本社の管理部長だった長谷川真氏。二人が講師役の女性に叱られながら、和菓子をいただき、濃茶を回し飲みし、薄茶をいただくのだが、長い黒文字（爪楊枝の大きなもの）でお饅頭をエイッと串刺しにしたり、袱紗（ふくさ）という布の出し入れのタイミングや置く場所を、何度やっても間違えたり、神妙な表情で失敗を重ねる抱腹絶倒の映像となった。正座の姿勢を長く続けた長谷川氏は撮影後、腰を痛めてしまったと聞いている。

　それでも初参加を控えた朝日新聞社の役員らにとっては必見のＤＶＤとなったようだ。だが、そのＤＶＤでしっかり予習して本番に臨んでも、茶室でのマナーは滅茶苦茶だった。二

○一三年に大阪本社代表として茶会に出席した持田周三氏は「途中まではまずまずでしたが、最後の茶道具の拝見の場面で失敗しました。棗の蓋を開けたまま裏返し、抹茶が畳に飛び散ってしまったのです」と打ち明けた。「膝を痛めているので正座を続けるのが難しい」という別の幹部に頼まれ、持ち運びできる木製の小さな椅子を準備したこともある。朝日新聞大阪本社地下四階にあった工作室に特注したものだが、当日、この幹部は椅子に腰掛けたままの姿勢で畳の前方の抹茶茶碗に手を伸ばし、バランスを崩して畳上に転げ落ちたという「失敗談」も聞いた。

美知子社主は、いたずらっぽい表情でこんな思い出話をしていた。

「以前はもっと面白いことがあったのよ。会計課長だった人が、狭い茶室の躙口（にじりぐち）から退室する際、頭から突っ込んで戻れなくなり、茶室側に残ったままの足をバタバタさせて大変だったことがあるわ。後に社長になられた一柳（ひとつやなぎ）東一郎さんが大阪本社代表のとき、お正月の挨拶に来られて、茶懐石の席で泥酔して、私の膝枕で寝てしまったこともあったのよ」

「わからず屋のおばあさん」のお世話係

ところで、私が村山家に出入りするようになったことについて、朝日新聞社の同僚たちの視線は微妙だった。

私は長年、社会部の事件記者をしてきた。

一九八七年五月三日に阪神支局で後輩記者が射殺された「赤報隊」事件を追いかけてきたこともあり、「事件記者の樋田に似つかわしくない」と思われたのだ。

私への買いかぶりもあったと思うが、かつて一緒に仕事をした元東京本社報道局長の市川速水氏から「反骨精神で記者をしてきた樋田さんが、なぜ、社内体制に組み込まれるような仕事をしているのか？」と聞かれ、答えに窮したことがある。大阪の編集局長だった大塚義文氏（故人）からも「正直に言って、私なら絶対に引き受けない仕事だね。でも、がんばってね」と言われた。言外に、「新聞記者のプライドはどこへ行ったのか」と問われたのだと思う。批判まではいかなくても、多くの同僚たちから「わからず屋のおばあさんのお世話、本当にご苦労様」と声をかけられ、同情の目で見られていた。

しかし、社内の先輩二人は密かにエールを送ってくれた。

元監査役の長谷川千秋氏からは「樋田君、君の最大の任務は朝日新聞社がこれからどうなっていくのか、内部から見届けることです。外資に乗っ取られて、とんでもない会社になるかも知れないのだから、その成り行きを記録すること。もし、本当に外資系の会社になってしまった時は、その経緯を明らかにして世に問う。それが、あなたの本当の仕事です」と言われた。長谷川氏は大阪本社の元社会部長、元編集局長で、筋を通す幹部として知られていた。

そして、もう一人。

外報部長だった中川謙氏は「朝日新聞社は民間会社だから、公務員に課せられているような守秘義務はありません。村山家と朝日新聞社の間で起きることをすべて記録し、しかるべき時期が来たら、歴史として公表することが樋田君の使命です」と独特の早口で励ましてくれた。いずれも二〇〇七年夏、大阪社会部の先輩記者の葬儀の日に、会場の周辺で言葉を交わした際の話だった。

二人の尊敬する先輩から、同じ趣旨のことを、同じ日に言われた。たまたまの偶然だったのかも知れないが、私は運命的なものを感じた。当時、朝日新聞社の株式の相続をめぐる問題が深刻で、「朝日新聞社が外資などに乗っ取られるような事態」は実際に起きる可能性があったからだ。一九九六年には米国人実業家ルパート・マードック氏と孫正義氏によるテレビ朝日の買収騒ぎ、二〇〇五年にはライブドアの堀江貴文社長によるフジテレビ買収騒ぎがあった。いずれも失敗に終わったが、朝日新聞社にとって他人事ではなかった。そうした事態を踏まえたうえでの先輩二人の助言だった、と私は受け止めた。

私に「社主家」回りの仕事を命じたのは、大阪本社代表だった池内文雄氏である。池内氏とは、私が初任地の高知支局にいた時から面識があった。

当時、『週刊朝日』にいた池内氏が高校野球の取材で高知にやってきて、野球担当だった私が応対した。池内氏は政治部時代に田中派を担当していた特ダネ記者で、「田中角栄による衆参ダブル選挙を中吊り広告で抜いた」と話していた。『週刊朝日』の発売を知らせる電車内の中吊り広告で「憲政史上初の衆参ダブル選挙へ」とうたったというわけである。

私が社会部で赤報隊による阪神支局襲撃事件の取材班キャップをしていた一九九六年に

は、秘書部長だった池内氏に会って、「赤報隊が一九八八年に竹下登首相に脅迫状を密かに送りつけていたという情報がある。裏を取っていただけないか」と相談した。池内氏は数日後、「竹下氏の当時の秘書に会ってきた。脅迫状は間違いなく届いていたね」と、取材班のスクープに結びつく貴重な情報を伝えてくれた。特ダネ記者として敬意を表していた池内氏から「社主家で大事な仕事をしてほしい」と言われ、断るわけにはいかなかった。

あれから一〇年余り。様々な曲折を経て、朝日新聞社が外資に蹂躙（じゅうりん）される危険は、なくなったと思う。しかし、いま、朝日新聞社は、インターネットの普及による読者の活字離れ、新聞離れという構造不況の中で、「信頼度の低下」という別の危機に直面している。私は二〇一七年暮れ、朝日新聞社を退職したのを機に、尊敬する先輩二人から託された使命を果たす時が来たと考えた。

幸いなことに、私の部屋には、美知子社主の世話役をしながら集めたたくさんの資料や、書き継いできたメモがあった。お元気だったころの美知子社主は、様々な話を私にしてくれた。そんなとき、「あなた、私のこと本に書いてね」と言われ、「もちろんですとも」と答えた。念のため、美知子社主に「本を書かせていただきます」「写真も使わせていただきます」と伝え、快諾をいただいた、その場面のDVD映像も私の手元に残している。

次章からは、美知子社主や周囲の人たちの思い出話、資料、メモなどをもとに、大正・昭和・平成、そして令和の時代まで生き抜いた、村山美知子社主の人生を描いていく。創業者の村山龍平翁を除き、村山家の人たちは、朝日新聞社の歴史の中で、不本意にも経営権を失ったという意味で「敗者」に位置付けられると思う。その敗者の視線で、朝日新聞社の来し方を振り返ると、どうなるのか。そんなことも考えながら、筆を進める。これまで書かれることのなかった「もう一つの朝日新聞社史」になるはずである。

第二章　「新聞王」の初孫

日本一のお屋敷町

私の手元にあるDVDには、一九二七年（昭和二年）に8ミリフィルムで撮影された少女たちの映像が収録されている。場所は神戸市東灘区御影の村山家の広いお屋敷。被写体は甲南小学校一年生だった村山美知子さんとその学友たち、あわせて一〇人である。撮影したのは、美知子さんの父親で、当時は朝日新聞社の取締役だった村山長挙（ながたか）さんとみられる。一家が暮らしていた村山邸の洋館の前の庭で、少女たちがパン食い競走、ドッジボール、甲南小学校独特の体操などに興じる姿が次々に映し出される。村山家の運転手付き乗用車、米国製の大型オープンカーに全員が乗り、手を振って大はしゃぎしている場面もある。最後は勢ぞろいしての記念撮影の場面に。二列に並んだ下の段の左端で、目立たず、はにかんだような笑顔を見せているのが、村山美知子さんである。

美知子さんは一九二〇年（大正九年）八月一六日、朝日新聞社を創業した村山家の長女として生まれた。

父は旧岸和田藩主の岡部家から婿養子に入った長挙さん。母は、一八七九年（明治一二年）に朝日新聞社を創業した村山龍平翁の一人娘、於藤さん。当時、村山家は神戸の奥座敷、有馬温泉に別荘を所有していた。身重になった於藤さんは、その別荘で最初の娘、美知子さんを生んだ。村山龍平翁は初孫の誕生を心から喜び、歌を詠んでいる。創業者を追悼して一九五三年（昭和二八年）に編纂された『村山龍平傳』には、「愛孫美知子を儲く」と題した以下の五首が収録されている。

名にしあふ有馬の温泉くみあけて初湯つかひて命なかかれ
名もたかきありまの温泉くみあけて初ゆにつかふ我孫のさち
いてゆする有馬の里に我ま子は初湯つかひて命なかかれ
家まもるをみな（女）のわさ（技）のす（好）くなれと孫のよひなをみちとなつけぬ
村山の鼓が滝をもととしてなかるゝ末の栄えの美知けり

「新聞王」と呼ばれた村山龍平翁。その龍平翁にとって待望久しかった初孫の誕生に、思い溢れる五首である。

二〇一二年八月一六日、美知子社主の九二歳の誕生日当日のことだった。村山邸で催されたささやかな誕生祝いの会の締めくくりで、美知子社主がこんな挨拶をした。

「名にし負う　有馬のいでゆ　汲み上げて、え〜っと、それから、うぶ湯つかいて　命長かれ、だったかな。お祖父様が、私が生まれたのを記念して作ってくださった歌です。私にとって、とても大切な歌です。本日は、私のためにお集まりいただき、ありがとうございました」

つっかえ、つっかえではあったが、九二歳の美知子社主の予期せぬ短歌の披露に一〇人余りの出席者は驚き、思わず拍手がわき起こった。この日は、リーガロイヤルホテル大阪のフレンチレストランのケータリングサービスで、美知子社主は大好物のローストビーフを召し上がった。私が裏方としてパーティーを準備し、司会をしていた。

歓談の合間には、出席者による手品や歌、隠し芸などの披露もあった。美知子社主は終始、上機嫌で冗談を連発し、最後まで笑い声が途切れることはなかった。美知子社主の気持ちが高まる中で、幼いころに祖父・龍平翁に教えられ、諳(そら)んじていた歌がよみがえり、突然の披露となったのだと思う。

話を戻すことにする。美知子さんが人生の大半を過ごした村山邸は、関西でも屈指の高級住宅街の中にある。一九〇〇年（明治三三年）ごろ、村山龍平翁が約一万坪の土地を購入し、鬱蒼(うっそう)とした森を切り開いて一九〇八年（明治四一年）ごろに三階建ての洋館を完成させた。さらに高殿(たかどの)付きの和風御殿、藪内流茶道家元の茶室「燕庵(えんなん)」の模(うつ)し（＝同形）の茶室「玄庵」などを相次いで設けた。燕庵は古田織部が創建したとされる由緒ある茶室で、その模しを建てるという栄誉が、当時の村山家に与えられていたのである。

村山邸の創建が呼び水となり、神戸・御影の周辺には住友銀行初代頭取の田辺貞吉邸、武田薬品工業社長の武田長兵衛邸、大林組社長の大林義雄邸、野村財閥創業者の野村徳七邸、伊藤忠商事の創業者の伊藤忠兵衛邸、日本生命社長の弘世助三郎邸、岩井商店（後の日商岩井 現・双日）の岩井勝次郎邸、東京海上専務の平生釟三郎邸など関西の主だった財界人の大邸宅が相次いで建てられた。

このため、当時この地区は「日本一のお屋敷村」と呼ばれていたという。一九二〇年（大正九年）、この村山邸の北辺を阪急電鉄の神戸線が通る。村山邸の付近で線路が北側へ蛇行しており、地元ではいまも「村山カーブ」と呼ばれている。阪急電鉄創業者の小林一三は後年、著書『逸翁自伝』で、村山邸の敷地を買収できなかったことについて「まことになんという意気地がなかったであろうと、愚痴らざるを得ない」と述懐している。

当時、村山家は神戸・御影の本邸のほか、前述の有馬の別荘、六甲山の別荘、神戸の塩崎海岸近くの塩崎別荘を持ち、さらに伊豆の別荘、東京・麻布の市兵衛町の高台に約三〇〇〇坪の広大な別邸も所有していた。これらの別荘、別邸も、これからつづる村山物語の舞台になっていく。だが現在は、六甲山の別荘を除いて、売却され、人手に渡っている。

思い出の有馬の別荘

美知子さんの母の於藤さんは、村山龍平翁と妻の萬寿さんにとって一粒種の娘であった。於藤さんが生まれたころ、村山家は新聞事業の成功によってずば抜けた財力があり、龍平翁は愛娘のために邸内に「梅園学舎」と名付けた「私立学校」を設け、龍平翁自身が校長を務めた。

この梅園学舎で、於藤さんは教科ごとに外部から招いた教師から、いわば個人授業の形で教育を受けた。萬寿さんは龍平翁にとって後妻にあたる。先妻の安枝さんは若き龍平翁をよく支えていたが、子ができないまま病死した。その後に嫁いだ萬寿さんは、明治の元勲・西園寺公望氏に連なる京都の公家に仕えた家系で、穏やかでおっとりした人柄だった。一方、龍平翁は於藤さんを村山家の跡取りとすべく、厳しく育てた。於藤さんは長じては家事をてきぱきこなし、龍平翁の衣鉢を継いで事業家としての才覚にも恵まれていたという。気性が激しく、戦後の「村山騒動」の折には、夫を通じて会社の経営に意見する場面もしばしば見られた。

長挙さんは旧岸和田藩主の岡部長職（ながもと）氏の三男で、学習院の初等科、高等科を経て一九一九年（大正八年）春に京都帝国大学を卒業している。その年の一〇月、村山家に婿養子に入り、その翌日付で於藤さんと入籍した。入籍後、朝日新聞社に入社してただちに取締役となり、養父・龍平翁から新聞社経営について薫陶（くんとう）を受けた。口数の少ない温厚な紳士だったという。

美知子さんの誕生から六年後、長挙、於藤夫妻は次女の富美子さんをもうけた。美知子さんと富美子さんの姉妹は、恵まれた環境の中で何不自由なく、そして大切に育てられた。

前述の『村山龍平傳』には、一九二一年（大正一〇年）、「有馬山荘の社長」の表題で、この別荘の庭で満一歳になった美知子さんを優しく見守る龍平翁の写真が掲載されている。縁台で膝を崩して座っている幼い美知子さんは色白で、凜々しさを漂わせている。その視線の先には、黒い尻尾と胴体の一部が写っている。幼少期の美知子さんがこよなく可愛がった「モチ」という犬である。私は晩年の美知子さんから「いつもモチがいました。モチが懐かしい」という話を繰り返し聞いた。「地犬（じいぬ）」と総称された日本在来の希少種で、いまは絶滅種となっているという。

別のページには一九二四年（大正一三年）撮影の「有馬の茸（きのこ）狩り」と題した写真がある。龍平翁と満四歳になった美知子さんのツーショット。茶碗と箸を手にして、カメラのレンズに向けられた美知子さんの曇りのない瞳が印象的である。写真のキャプションは「社長は松茸が好物であった」。そう言えば、美知子さんが手にしているのは「松茸飯」のようにも思える。

このように、『村山龍平傳』に頻繁に登場する「有馬の別荘」は、有馬温泉の旅館街から一キロほど南の有馬川の上流、鼓ヶ滝の近くの川辺にあった。広さは庭園も含めて一〇〇〇平方メートル（約三〇〇坪）ほどあったようだ。

私は、晩年の美知子さんから有馬の別荘についての思い出話を何度も聞いている。

「有馬に行くのは楽しみでした。神戸電鉄の有馬口駅で降りて、そこから馬車に乗って別荘へ向かうのです。毎年夏になると、お祖父様（龍平翁）とお祖母様（萬寿さん）が避暑を兼ねて、有馬の別荘に長く滞在されました。それで、私たちは週末になると、お祖父様とお祖母様に会いに別荘へ通ったのです。

「有馬では河原で遊んだり、温泉に入ったり、散歩をしたり。秋になると、屋外の草地にゴザを敷いて、採ったばかりの松茸を料理していただくのが楽しみでした」

龍平翁が歌に詠んだ「鼓が滝」は、村山家の別荘からほど近いところにあった、有馬川上流の景勝地である。一九三八年（昭和一三年）の阪神大水害による崩落事故までは、二段の滝になっていて、流れ落ちる水音が「ポンポン」と鼓のように聞こえたというのが、滝の名の由来である。いまは段差のない滝になっているが、高さが約一〇メートルあり、なかなかの迫力だ。滝の脇にはいまも茶店がある。美知子さんも家族と一緒に茶店や滝壺近くの河原でよく遊んだという。

二〇〇四年、美知子さんは村山家の専属のようになっていたタクシー運転手、伊達實昭さんを呼び、「うちの別荘だった場所を再訪したいの。探してほしい」と頼んだ。別荘の土地は戦後、村山家が売却していた。伊達さんは仕事の合間に有馬温泉の街を何日も歩き、通りがかりの地元の老女に教えられて、やっと見つけることができた。

別荘の跡地は五階建ての大きなリゾートマンションになっていた。伊達さんが「見つけました」と報告すると、美知子さんは大喜びし、伊達さんの案内でマンションを訪ねた。玄関脇に建つ「鼓渓」と彫られた石碑は、村山家の別荘だった当時のままだった。美知子さんは感激し、石碑の前で記念写真を撮った。そのあと、鼓ヶ滝まで川べりの道を歩き、往時をしのび、しばらく佇んだという。伊達さんは、この時の美知子さんの写真を宝物のように大事にしている。

アメリカ帰りの同級生

時計の針を一九二六年（昭和元年）に戻す。この年、美知子さんは数え歳で七歳になり、自宅近くの住吉川沿いにある私立甲南幼稚園に入園。翌年同八歳で私立甲南小学校に入学した。

甲南小学校は、東京海上専務、川崎造船社長などを務めた故・平生釟三郎氏が中心となって創立され、個性を尊重した自由な校風で知られている。甲南幼稚園、甲南小学校、甲南中学校、甲南高等女学校（現・甲南女子大学）、甲南高校（現・甲南大学）は同じグループであった。当時、甲南小学校は各学年とも男女あわせて三〇人ずつ。美知子さんの学年は男子一六人、女子一四人だった。少人数の家庭的な雰囲気の学び舎で、当時は主に近辺のお屋敷街の子どもたちが通っていた。

村山邸から甲南小学校までは、東へ五〇〇メートルほど歩き、住吉川に行き着いたところで、川べりの堤防に沿って二〇〇メートルほど下る道のりだった。美知子さんは徒歩通学をしたという。

美知子さんは後年、少し鼻を高くして、こう話していた。

「大林家の芳郎さん（後の大林組社長。故人）は、家が住吉川の少し上流側にあって私の家よりも近いのに、毎日馬車に乗って学校に通っていたのよ。でも私は毎日、ちゃんと歩いて学校に通ったのよ」

美知子さんは、伊藤忠商事を創業した伊藤忠兵衛氏（故人）の末娘の妙子さん、近所のもう一人の女の子を加えた同級生三人で一緒に通学していたという。

甲南小学校では、一年生の時から毎月一回、遠足があった。上級生になると、河内の金剛山登山があった。途中まで電車を使ったが、麓から頂上まで往復で八里（約三二キロ）を歩いたという。

年一回、一二月には断食会という行事があった。前日の夕食の後は何も食べず、登校前の朝食もとらない。学校でも昼食の時間はなく、授業は体育の時間も含めて、普段通りにあった。午後三時になって、やっと食事の時間となる。一年生から順に、まず水が、次いで芋粥がふるまわれた。みんな腹ぺこで、喉も渇いていた。水を美味しそうに飲み干し、芋粥もまたたく間になくなったという。

「校長先生がにっこりして、『こうしていただくと、お水が美味しいでしょう』と話されていました。本当に美味しかったのよね」

この断食会の行事について、龍平翁は「大いに結構。断食訓練は毎月あればいいのに」と話していたそうだ。

美知子さんは「お祖父様は元武士でした。だから、武士の気風に通じる断食会が好きだったんです」と振り返っていた。

さて、冒頭の8ミリフィルムの映像で美知子さんと一緒にドッジボールなどに興じている女の子たちの一人が、いまも健在だった。

小川美年子（みねこ）さん、九九歳。二〇一六年春、村山家の年賀状用の住所録を頼りに連絡すると、東京で娘さんの家族と暮らしていることがわかった。私は「美知子さんの名代」として小川美年子さんに会うことができた。八〇年以上前の甲南小学校時代の記憶は鮮明で、持参した家庭用のDVDカメラを前に、美知子さんとの思い出話を次々に披露してくれた。

「私は美知子さんと大の仲良しでした。女の子って、特定の誰かとだけ仲良くすることが多いけれども、美知子さんはそういうことはまったくなかったんですよ。美知子さんは本当にやさしかった。控えめで、ご自分が表に出ることはせず、静かな振る舞いをいつもされていました」

「美知子さんのお誕生会は、それはそれは楽しみでした。クラスのみんなが招待され、広いお庭や建物でたくさん遊びます。美味しいものが出て、帰りは大きな車で全員を送っていただける。私は運転手さんの名前まで覚えています。たしか原さんというお名前でした。とても優しくて親切な人で、一人一人の家まで送り届けてくれるのです。私の家は夙川（しゅくがわ）（西宮市）で一番遠かったから、一番長く車に乗っていることができて、それは幸せでした」

美年子さんの父は三井物産のダラス支店長を務めていた。このため、美年子さんは七歳までアメリカで過ごしたという。当時、ダラスはアメリカ南部の綿花の集積場として知られており、綿花の買い付けが日本の大手商社の重要な仕事だった。その父が甲南小学校の創立者のことをよく知っていて、校風を気に入り、娘を通わせるため、家族で帰国したのだという。そして、父の希望通り、美年子さんは甲南小学校に入学できた。

村山美知子さんも、美年子さんのことをよく覚えていた。

「美年子さんはアメリカ帰りで、いつも洒落た素敵な装いで、羨ましかったわ。彼女は阪急電車に乗ると、つり革に両手でぶら下がり、ぶらんこのように遊んでいた。すごく、おてんばちゃんでした」

美年子さんによると、甲南小学校では子どもたちのほとんどがアルミのお弁当箱に入れたお弁当を持って登校していた。けれども、美知子さんだけは、お昼になると、「爺や」が塗りの箱に入れた温かい食事を届けに来た。

「羨ましいと思いましたし、そんな美知子さんに憧れてもいました」

DVD画像の中でこう話す美年子さんに対して、美知子さんは反論する。

「学校に届くころは、ご飯は少し冷めていたので、羨ましがられても、困ります。それに、冬になるとアルミの弁当箱は温飯器で温めてもらえるので、私も実はアルミの弁当箱がいいなって思っていたのよ」

DVDの映像を介して、二人の会話は八〇年前に戻っていく。

美知子社主は、「爺や」について、こんな話をしてくれた。

「東北訛りのある、朴訥とした、優しい爺やでした。お弁当を届けてくれただけでなく、頼めば、なんでも作ってくれました。ある日、（愛犬の）モチのために犬小屋を作ってほしい、と頼むと、『そんなん、でけへん』と言うんだけど、しばらくすると素敵な犬小屋が出来上がっていました」

美知子さんと美年子さんは、甲南小の高学年のころ、一緒に日本舞踊を習った。最初に美知子さんが習い、美年子さんは「美知子さんに誘われて始めた」という。美知子さんの妹の富美子さんも一緒だった。「週一回、阪急電車の夙川駅の近くにあった、そうそう、パインクレストという名前のビルに通ったんです」。美年子さんの記憶は鮮明だった。先生は、東京から通ってくる藤間流の藤間勘素娥さん。蔵相を務めた高橋是清の孫娘の舞踊家だった。

「美知子さんは名取になられて、藤間朝素娥という名前を先生からいただかれた。私は続かなくて、三〜四年でやめてしまいました。本当のことを言うと、やめてホッとしました。私はアメリカ育ちで、あんまり日本舞踊には向いていなかったように思います」

そう話す美年子さんだが、日本舞踊の練習から離れても、二人の交友は晩年まで続いた。戦中から戦後にかけて、ほかの級友たちも加わった同窓会での楽しそうな写真が何枚も残っている。

プールでお点前

男子の同級生には、江戸時代から大阪で続く「粟おこし」で知られる老舗「あみだ池大黒」の御曹司、小林林之助(りんのすけ)さんがいた。林之助さんは二〇一六年五月五日に心臓の病のため九五歳で他界するまで、美知子さんが心を許した無二の親友だった。美知子さんが二〇一五年に大阪市内の北野病院に入院すると、林之助さんは自身が心臓病の持病を抱えているのにもかかわらず、毎週のように北野病院を一人で訪ね、美知子さんを見舞っていた。

林之助さんは病気が重くなり、やがて、お見舞いに行けなくなった。それでも、「林之助さんに会いたい」という美知子さんの求めに応じ、映像メッセージを残してくれた。阪神電車の芦屋駅近くの自宅で、私が用意した家庭用DVDカメラに向かい、こう話している。

「みいちゃん。私の病気が治ったら、一番先にみいちゃんを訪ね、心を込めて握手をしたいと思っています」

「みいちゃんは、子どもの時から、まるで帝王教育を受けてきたように、公平で万事に行き届いていました。何をやらせてもそつがなかった。運動神経も抜群でした。小学校のころ、男子でサッカー遊びをしようとして、メンバーが足りないと、みいちゃんに入ってもらおう、と男子のほうから声をかけるのです。みいちゃんはちゃんと応じてくれました。運動会で駆けっこをしても、男子が負けてしまうほど、みいちゃんは速かった。人柄もよかった。あんまり出しゃばりではなく、忍耐力もあり、いい日本女性でした」

林之助さんの心を込めたビデオ(DVD)レターを見て、美知子社主は何度も涙ぐんでいた。

美知子さんによると、林之助さんの甲南小学校時代のあだ名は「ひよこ」。林之助さんの笑った顔が、当時人気のあった絵本の中の「笑っているひよこ」に似ていたからだという。一方、美知子さんのあだ名は「黒ゴボウ」。背が高く、痩せていて、日に焼けて肌の色が黒かったから。当時、美知子さんは外で遊ぶのが好きな、元気な子だった。

林之助さんは、美知子さんの父の長挙さんが一九七七年（昭和五二年）に他界したあと、その追悼集『みゆかり』に、こんな一文を寄せている。

「私どもは美知子さんとクラスメートで、幼い頃から長挙氏のことを村山さんのパパと呼ばせて頂いていた。／顧みれば魚崎浜のプールサイドに、赤倉のスキーに（中略）数々の想い出が去来する」

林之助さんが書いた「魚崎浜のプール」は、村山家が神戸の海岸近く、魚崎浜町（現在の神戸市東灘区魚崎浜町）に構えた別荘の庭に、子どもたちのために作ったプールのことである。当時、夏になると、甲南小学校の子どもたちは、このプールで水泳の授業をしていた。「赤倉のスキー」は、小林、村山の両家が家族連れで新潟の赤倉スキー場に通い、一緒に楽しい思い出を作ったことを指している。

『みゆかり』には、やはり甲南小学校の同級生、松本重一郎さん（故人、上智大学名誉教授）の以下の文章も残されている。

「美知子さんは、幼時からおとなしいなかに、どこかしっかりしたところのある美少女であったが、ランナーとしては男勝りで運動会のスターであった。学年チームのアンカーとして快走する美知子さんの勇姿は、さぞかし父君の心を楽しませたことであろう」

美知子さんも、「駆けっこは得意でした」と話していた。

「前夜に熱が出て、運動会を休むことにしていた時も、同級生たちが家まで呼びに来て『お前が出ないとリレーで負けてしまう』と頼まれ、熱をおして走ったこともありました。フッフッ（笑い声）、その時も一番でした」

甲南小学校の運動会では両親、祖父母が揃って応援に来て、大きな声援を送ってくれたという。

美知子さんは、水泳も得意だったようだ。『みゆかり』の中で、美知子さん自身がこう書いている。

「小学校に上ってからはよく風邪を引いたので、正規の学年に達する前から水泳をすすめられ、初めは芦屋の海岸に家を借りたり、バラックを建てたりの夏を過したが、そのころおつき合いで生れて初めて海に入る母と私を、泳ぎの達者な父がやさしく指導してくれた。後に魚崎海岸にプールを作る時も、二十五メートルながら公認のものを作り、小学校の水泳には毎日、その他いろいろの団体にも奉仕の形で提供したものである」

「（このプールで）父が抹茶のお点前をし、妹（富美子さん）がそれをお運びして私は客となって三人で立泳ぎの技を披露したこともあったし、水泳一家となった」

最後の「プールでのお茶のお点前」について、美知子さんは「実は大変だったのよ」と『みゆかり』には書かなかったエピソードも披露してくれた。

「立ち泳ぎをしながら、父がお茶を点て、私がいただく時など、体が大きく傾いてうまくいかないのよ。せっかく点てたお茶がプールにこぼれてしまったの。父は大慌てだったし、思い出しても、可笑しかったわ」

負けず嫌いの妹

村山龍平翁は、美知子さんを「村山家の跡取り」として、ことのほか可愛がった。よく散歩に連れ出し、邸内の蔵に一緒に入り、茶道具の焼き物などを手に取りながら、「これは大切なものだよ」と教えてくれたという。

村山家の四季の行事も、美知子さんたちを楽しませた。お正月の行事は、早朝に「御霊様」と呼んでいた邸内の社へのお参り、庭の井戸からの「お水取り」など、事細かく決められていたが、みんなが楽しみにしていたのは、特製のお雑煮だった。狩り好きだった龍平翁が有馬の山中などで獲ってきた鴨の肉と骨で取った出汁、それに鰹と昆布で取った出汁を合わせ、金銀に見立てたきび餅（小判餅）と白餅をお椀に入れたもの。晩年の美知子さんも、子どものころのままの「正月の食卓」を楽しんだ。

旧暦の三月三日に祝う「お雛祭り」では、竹中工務店に依頼して、幅約五メートル、高さ約二メートル、五段の雛段をしつらえ、最上段にお祖母様（萬寿さん）の嫁入り道具の小さなお雛様、美知子さんのお雛様、富美子さんのお雛様を順に並べて飾った。下段にはフランス人形や「シャリアピン人形」、つまり戦前に朝日新聞社の招きで来日した世界的なオペラ歌手のフョードル・イワーノヴィチ・シャリアピンからプレゼントされた人形などを並べた。

二月の節分行事は、龍平翁と美知子さんが主役だった。「豆まき隊」の出発の前、龍平翁は大切にしていた本物の短刀を蔵から取り出し、「隊長」の美知子さんの脇に挿し込む。「この刀はあなたのお守りです。では、豆まきに出発し、鬼たちを退治してきてください」と送り出す。

豆まきの仕方も独特だった。「福は内」「福は内」「福は内」と三回大声で繰り返しながら、家の内側で豆まきをした後、窓をさっと開け、「鬼は外」と一回だけ小声で言って豆を屋外にまき、急いで窓を閉める。鬼が家内に入ってこないように、というおまじないだったという。美知子さんは、富美子さんや行儀見習いを兼ねて家内で働く若い女中さんたちと一緒に一時間以上かけて広い邸内を一部屋ずつくまなく回る。戻ってくると、龍平翁は「任務完了。ご苦労様でした」と言って笑顔で短刀を受け取ったという。

ここで、美知子さんの妹の富美子さんについて触れる。

富美子さんは一九二六年（大正一五年）四月二九日、村山長挙、於藤夫妻の次女として生まれた。姉の美知子さんとは六歳違い。優等生タイプで万事に控えめだった美知子さんとは対照的に、富美子さんは活発で、お転婆なところがあった。美知子さんと一緒に、日本舞踊、ピアノ、飛び板飛び込み、スケートなどを習っていたというが、飛び込みの練習の際、美知子さんが一〇メートルの高さから飛び込むと、富美子さんは「お姉ちゃんには負けない」と言って一五メートルの高さから飛び込んだという逸話が残っている。子どものころ、二人は仲が良く、村山家のアルバムには、二人揃って芸事やスポーツに取り組む写真が数多く残っている。二人はとりわけ日本舞踊に熱中し、一九三九年（昭和一四年）には東京の歌舞伎座で公演したほどだった。演目は『喜撰』など。いまも歌舞伎のベテラン俳優によって演じられる難しい演目で、富美子さんが喜撰法師、美知子さんが喜撰法師に言い寄られるお梶を演じた。私は、晩年の富美子さんと何度も会っているが、「いつもお姉ちゃんは褒められてばかり。私は叱られてばかり。ピアノもお姉ちゃんのほうが上手だったし、悔しい思いをしたことも……」と子どものころを振り返っていた。富美子さんは歳の離れた姉の背中を追いかけつづける人生になったようだ。

母親の於藤さんが戦前の一九三七年（昭和一二年）、「私と子供」と題した以下の一文を朝日会館（当時、朝日新聞社が運営していた音楽ホール）の会報に寄稿している。

「凡そ、本人達の望む処、女らしきと否とは問わず、悪事で無い限りは、何でもやらせて見る母親。スポーツに於いてもスケートござれ、テニスござれ、水泳にダイビングに、スカール（ボート？＝筆者注）に、陸上競技に、ラグビーやベースボールのファンとしての甲子園通い、他に芝居に映画に踊に音楽会に、本人の望み次第にさせている」

「最近、飛行機に乗って空の快味を満喫して以来、時節柄、飛行機を操縦して爆撃がやって見たいなど物凄いこともいい出し、召集された夢を見たという」

この一文では、「飛行機を操縦して爆撃がやってみたい」と母親に訴えたのが、姉妹のどちらなのか、については触れられていない。しかし、二人をよく知る人たちにあらためて尋ねると、「こんな大胆な物言いは、ふうちゃん（富美子さんの愛称）に違いない」との答えが返ってきた。

富美子さんの大胆で、負けん気が強い性格。姉の美知子さんと仲は良かったけれど、「お姉ちゃんには負けない」という秘めた対抗心。二人の間に生じる確執が、やがて村山家の物語に決定的な影響を及ぼすことになる。だが、それはまだ先の話である。

前述の『村山龍平傳』には、美知子さんによる「祖父の断想」と題された思い出話が以下のようにつづられている。

「叱られる時には随分叱られもしましたが、私の覚えている限りでは、もう齢八十にも近い頃からですから、母（於藤さん）が育てられた頃の様に厳格そのものではなく、やさしい、そして殊（こと）の外（ほか）面白いおじいさんでした」

「まりつきをよくしたものですが、一人で一生懸命についていると、横から手が出て一緒についたり、歌を唄いながらまりと間違えた風をして私の頭をついてみたり、いつの間にかヒョッコリ遊びに加わつて私を喜ばせて貰つたものでした」

「よく、（朝日新聞社の）編集等へ連れて行かれ何か話の間、私をチョンと椅子に乗せていたとか古い方々からきかされます。（中略）社にはよく連れていかれていたらしく、何も知らずに嗅いでいたインクの香いがとても懐しいのです」

「私が学校に行くようになつてからは、出社しない日には学校から帰るのを楽しみに待ち、『今日はどんな事をして来ましたか？』とか『そうか、それで先生はどうおつしやつた？』とか色々と報告をさすべく上手に引張り出し、また成績物やら、手工の粘土細工等、注意したり、賞めたり、何かと批評をして貰いました」

「ある時、祖父（龍平翁）の胸像のようなつもりで作つた粘土細工を見せたところ、『おじいちやんは、こんな妙な顔ですかなあ』などと首をかしげたりして、いつも冗談をさし挟んだ評を受けるので、おじいさんに見て貰おうと楽しみにしながら学校から帰つたものでした。作文でもおじいさんの事をよく書いていました。自然宿題等も祖父が晩年に居間としていた部屋でいつもやつていました」

「小学校五年生の頃でしたか、体をかゞめて、夢中になつて何か宿題をしていた時に『どうもその毛がうるさそうで見ていても可哀そうだから切つて上げよう』とおカッパの横の毛を一つかみ手で持つてバッサリやられたからたまりません。殆ど前髪と同じ長さに、しかもジグザグになつてしまつてどうにもなりません。取り返しのつかない事になつたというわけで、（私が）泣くやら、（祖父が）謝るやらの騒ぎで、急ぎ呼びつけの床屋を呼んで『谷田部さん（床屋）これ何とかして貰えないかね、怒られて弱つているんだ』『何とか少しはゴマ化しがついたものの――切る事は長年やつているが、つぎ足しは出来ないのでおじい様は弱つていらつしやるし困りましたね、あの時は』――とは後によくその人から聞く言葉でした」

美知子さんは、祖父の龍平翁のことを強く慕っていた。そのことがよくわかる追悼文だと思う。

同じ『村山龍平傳』には、妹の富美子さんも以下の一文を寄せている。

「私がいつも残念に思つている事は、祖父と此の世で一緒にいた間がほんのわずかしか無かつたという事です。それでも、私が生まれたころから後は、祖父も大分年老いて、殆ど外出もしなかつたので、部屋で書き物などしている所に行つて、邪魔をしたり、遊び相手になつてもらつた事がかなりあつた筈なのですが、あまりにも幼なかつたためまとまつた記憶は殆どありません。たゞ、居間（うちでデッキと呼んでいた部屋）で、籐椅子に腰かけている恰好とか、にこ〳〵顔などが、あたかも一枚々々の写真をアルバムで見る如く、静止した姿で私の目に残つています」

村山龍平翁は一九三三年（昭和八年）一一月二四日未明、軽い脳出血に感冒も患って八三歳で他界した。美知子さんが一三歳、富美子さんが七歳の時だった。

第三章　凱旋行進曲

遂げたり神風

一九三三年（昭和八年）春、村山美知子さんは甲南小学校を卒業し、甲南高等女学校へ進学した。同級生の小林林之助さんや松本重一郎さんら男子たちは、少し離れた場所にある旧制甲南中学校へ進み、男女の進路が分かれた。

前章でも紹介した、生前の林之助さんの映像メッセージには、こんな場面もある。

「高等女学校へ上がったころのみいちゃん（美知子さんの愛称）は、それは上品な女性になっていました。私たち男は甲南中学校に進学して学生服、みいちゃんたちはセーラー服姿でした。小学校のころはあんなに親しかったのに、公の場ではもう言葉を交わすことなど許されませんでした。男女七歳にして席を同じゅうせず、の時代でしたからね」

男女仲が良かった小学校時代からの激変。当時の戸惑いを、林之助さんはこうも話していた。

「中学への通学の途中、美知子さんを見かけたことが何度もありましたが、声をかけにくい。同級生の中には、甲南高等女学校の校舎内に無断で入って処分された者もいました」

甲南高等女学校でも、美知子さんは「しっかり者」で通っていたようだ。そこに、朝日新聞社の創業家で育った「深窓の令嬢」としての気品も加わって、校内でも目立つ存在になっていった。

一九三七年（昭和一二年）四月、機体もエンジンもすべて純国産の朝日新聞社機「神風号」が東京―ロンドン間で最短時間の連絡飛行記録を達成すると、美知子さんは妹の富美子さんとともに、神風号の飯沼正明操縦士、塚越賢爾機関士の歓迎・祝賀行事などに出席した。姉妹は「朝日新聞社の顔」としての役割を果たしたのである。とりわけ思春期を迎えていた美知子さんは、花のある存在だったようだ。ここからしばらくは、直木賞作家の深田祐介氏（故人）が一九八三年（昭和五八年）に著したノンフィクション『美貌なれ昭和』を参照しつつ、筆を進めていきたい。

神風号が最初に東京・羽田を出発したのは一九三七年四月一日。約一万五〇〇〇人が参加した盛大な壮行・出発式で、飯沼、塚越両飛行士に花束を手渡したのは、美知子さんと後にシャンソン歌手として名を馳せる石井好子さんだった。

美知子さんは当時、甲南高等女学校四年を修了し、五年に進級するところで、春休みを利用して上京し、プレゼンター役を務めたのである。神風号は悪天候のため、いったんは羽田に引き返し、あらためて六日午前二時一二分、今度は立川飛行場を出発した。台北（台湾）

↓ハノイ（ベトナム）↓ビエンチャン（ラオス）↓カルカッタ（現・コルカタ、インド）↓カラチ（パキスタン）↓バスラ（イラク）↓バグダッド（同）↓アテネ（ギリシャ）↓ローマ（イタリア）↓パリ（フランス）と三日間にわたって飛行を続け、九日午後三時三〇分（日本時間一〇日午前〇時三〇分）、ロンドンのクロイドン空港に着陸した。所要時間九四時間一七分五六秒。それまでの飛行記録（一六五時間五三分）を大幅に更新し、世界的壮挙となった。その前年、一九三六年（昭和一一年）二月二六日に起きた陸軍のクーデター未遂事件、いわゆる「二・二六事件」以来の社会の暗雲を吹き飛ばす明るいニュースだった。

飯沼、塚越の二人はロンドンで大歓迎を受けた。帰路のベルギー、フランス、ドイツなどでも熱狂的な歓迎を受けた。五月二一日午後〇時二六分、神風号は大阪の城東練兵場にあった飛行場に到着した。待ち受けた群衆による大歓声の中、操縦席から降り立った飯沼飛行士に対し、美知子さんが微笑みながら花束を手渡した。隣の塚越機関士に花束を渡したのは、富美子さんだった。

神風号の快挙を一〇日未明のラジオ放送で知った詩人の北原白秋は、感激を「遂げたり神風」という題名の三編の詩に託して、夜更けのうちに朝日新聞東京本社に届けた。同じ一〇日付の朝刊に、詩作の経緯とともに、「遂げたり鵬程（ほうてい）（遠いはるかな道のりの意＝筆者注）、東の神風、西へと勢（きお）えば遮る空なし……」という詩が掲載された。この後、西條八十、土岐善麿、土井晩翠ら名前を知られた詩人たちが連日、神風号の成功を祝う詩を朝日新聞社に寄せ、いずれも大きな記事になった。

当時、甲南高等女学校で音楽を担当していた池尻景順先生も、神風号の成功に大感激した一人だった。音楽の授業中、五年生の生徒全員に、これら詩人たちの作品の中から好きなものを選んで、曲をつけるように課題を出した。

『美貌なれ昭和』によると、池尻先生はいわゆる英才教育に熱心で、同女学校では一年生から、生徒たちに作曲法を教え、実際に曲づくりをさせていた。村山家も家族全員が音楽好きで、美知子さんは甲南小学校の同窓会報の取材に対して、こう述べている。

「赤ちゃんのころ、子守唄を聴かせても泣き止まないのに、エルマン（ミハイル・サロヴィッチ・エルマン、ウクライナ出身のバイオリニスト）のレコードをかけると泣き止んだ、と母が言っていました。私は覚えていませんけど……」

父親の長挙さんはオペラ好きで、オペラのレコードをよくかけるだけでなく、自身も「テナー（男声の高音部）」の歌唱法をプロの音楽家から学び、自宅で時々、朗々とアリアを歌っていたという。

晩年の美知子さんが、村山邸二階の食堂兼居間で私に向かい、こんな歌を小声で口ずさんでくれたことがある。

「タンター、タタラ、タンタンタン……。これは父がよく歌っていた歌なのよ」

ヴェルディ作曲のオペラ『アイーダ』の「凱旋行進曲」の一節。サッカーの試合で応援歌として奏でられると、私の耳に美知子さんの歌声がよみがえる。

そんな環境に育った美知子さんは、子どものころから両親に連れられて大阪の朝日新聞社に隣接して建っていた朝日会館に通い、世界各国から招いた一流の音楽家たちの演奏に接した。母親の於藤さんの手ほどきでピアノの練習も重ねた。そんな中で、自然に絶対音感が身につき、音楽の才能が開花した。

さて、池尻先生が指導した作曲の課題で、美知子さんは一番気に入った北原白秋の作品を選んで曲作りをした。深田祐介氏は、こうつづっている。

〈桜吹雪のなかを羽田から送りだし、初夏の雨降りしぶく城東練兵場に神風を迎えたときの感動が、多感な少女の胸に帰ってきて、作品は池尻景順も感歎する出来ばえになった〉（『美貌なれ昭和』より）

池尻先生は作曲家の山田耕筰氏とも相談のうえ、美知子さんの作った曲をコロムビアレコードに持ち込み、山田耕筰氏作曲の作品とセットにして、レコード化された。

コロムビアレコードの調査部に今回あらためて確認したところ、レコードの表側のA面に村山美知子さん作曲の作品が、裏側のB面に山田耕筰氏作曲の作品が収録されていた。最初は山田耕筰氏の曲がA面だったという話も聞いているので、途中で入れ替わったようだ。A面は人気歌手だった松原操さんが歌い、コロムビア男女合唱団がバックコーラスを務め、コロムビアオーケストラが演奏している。B面は男性歌手が歌っていた。レコードは発売とともに全国で数十万枚の売り上げを記録し、大ヒットとなったという。

いま聴いても、美知子さんの曲のほうが明るい曲調で、軽快なリズムがあって、歌いやすい、と私は思う。あえて言えば、山田耕筰氏の作品は芸術的なクラシック音楽の旋律だったのに対し、美知子さんの曲は軍歌調で当時の世相にも合っていた。当時、市中のレコード店や喫茶店で耳にする「遂げたり神風」の曲は、圧倒的に美知子さんの作品のほうが多かった、と朝日の社内資料に書かれている。当時、美知子さんは「レコードが売れたのは、山田耕筰先生の曲のおかげです」と謙遜（けんそん）して話していた。曲が大ヒットする中で、兵庫県西宮市の西宮球場で、神風号の壮途を喜ぶ曲の発表会が催された。スタンドを埋めた観衆の全員が立ち上がり、「遂げたり神風」を大合唱したという。この時の感激を、美知子さんは後々まで語っていた。

この話には、後日談もある。一九九〇年（平成二年）、朝日新聞社が大阪府堺市に新設した印刷工場に、はじめて三菱重工製の大型輪転機を導入した際、堺工場で祝賀会が催された。三菱重工の相川賢太郎社長（当時）が出席し、最初は堅苦しい挨拶をしていたのだが、突然、「遂げたり神風」を歌い出した。一番を歌い終えると、「私は子どもの時から朝日新聞とは縁があります。長崎で過ごした小学校四年のとき、朝日新聞社機の神風号の記録達成を讃えるこの歌が流行り、毎日元気良く歌っていました」と続けた。

この祝賀会には、美知子さんも朝日新聞社の社主として出席していた。相川社長が歌っているとき、美知子さんが隣の朝日新聞社役員に小さな声で「あれは私が作ったのよ」とつぶやいたという。この役員は驚き、「本当ですか？」と思わず美知子社主に尋ねた。この役員は「村山社主が作曲をしていたことは知らなかった。社主の奥ゆかしさが出ているエピソードだと思う」と述懐していた。

二〇一八年秋、世界的な模型職人として知られる鈴木邦宏さんが経営する「ファインモールド」というプラモデルメーカーが神風号の精密なプラモデル（四八分の一スケール）を発売した。私の友人がさっそく購入して組み立て、その写真を送ってくれた。この年の暮れ、私は美知子さんを見舞った際、その写真を持参し、お見せして元気になってもらおうと思った。美知子さんの人生で、神風号は特別な存在でありつづけたからだ。だが、本書の冒頭に書いたように、すでに美知子さんの意識は薄れた状態で、写真をお見せできなかったことが残念でならない。

『美貌なれ昭和』からの引用を、さらに続ける。少し長くなるが、青春期の美知子さんの艶やかな姿がよみがえる。

〈この頃、飯沼をめぐって、朝日社内にははなやかな噂が流れ始めた。

現在でも、旧朝日人（朝日新聞社のＯＢ＝筆者注）に会うと、

「あなた、知っていますか。飯沼は朝日の社主になるところだったんだよ」

という話が出る。

ＯＢのなかには往年の朝日の社風に想いを残すひとが少なくないが、彼らは一様に、

「私は飯沼の飛行機に何回も乗せて貰って取材してますが、あれは聡明な男だったからね。

あの男が社主の立場になったら、周囲に優秀なブレインを集めて、みごとな経営手腕をみせたんじゃないかね。昔の朝日の、のびやかな体質がもっと残った筈だ」

という、いいかたをする。

周知のごとく、朝日新聞創立者の村山龍平には、男児がなく、娘の藤子（於藤さんの通称）に養子を迎えた。これが和泉国岸和田藩主で、のちに東京府知事や桂内閣の法相をつとめた岡部長職の長男、長挙で、昭和十二年当時は会長として、亜欧連絡飛行（神風号の飛行）の実施を決定、自ら飛行委員長として推進した人物である。

村山家は女系家族のようで、藤子は、美知子、富美子のふたりの娘に恵まれたものの、やはり男児には恵まれなかった。当然、男まさりの才気の持主とされる美知子に養子を迎えることが予定されており、そこで当時の朝日のスター、飯沼正明と才気煥発の少女、美知子を無責任に結びつける噂が、社内に流れ始めたのだろう〉

深田祐介氏は、『美貌なれ昭和』を執筆した一九八三年（昭和五八年）当時、美知子さんに飯沼についてどう思っていたのかを尋ねた。美知子さんは「今の野球選手や花形歌手のファンとおなじですよ」と素っ気なく答えたという。当時、甲南高等女学校の級友たちは「村山さんはいいなあ、すぐ傍で飯沼を見られるんだもの」とか「美知子さん、飯沼に花束渡してきたんなら、その手に触らせて」などと大騒ぎしていたという。深田氏は「そんな空気に多分にあおられた面もあったに違いない」としつつ、さらに「飯沼は、美男子でしたか」と尋ねた。美知子さんは「魅力的な顔つきだったですね」と確固たる口調で言い切り、「あのひと、ダンスもうまかったし、スマートでしたし」と語りつづけたという。

深田氏は、『美貌なれ昭和』でこう活写している。

〈飯沼に対する敬愛と好意がこもり、やがて一種あでやかな表情が、美知子の顔にうかびあがる。レジョン・ドヌール勲章を受けた大阪フェスティバル理事長の矜持と自信に満ちた面差しの下から、戦前派「ブルジョワ令嬢」のはなやかで、楽しげな笑顔が蘇ってくるのだ〉

飯沼正明飛行士は第二次世界大戦の開戦から三日後の一九四一年一二月一一日、仏領インドシナ連邦（当時）・プノンペンの空港で軍用機のプロペラに巻き込まれて亡くなった。塚越賢爾機関士も大戦中の一九四三年七月、軍の新鋭機でシンガポールからインド方面へ飛び立った直後、消息を絶った。一九八九年（平成元年）、長野県安曇野市の飯沼氏の生家跡に「飯沼飛行士記念館」が作られた。朝日新聞大阪本社代表だった池内文雄氏は飯沼飛行士記念館を訪れた際、美知子さんが作曲した「遂げたり神風」が館内に流れているのを聴いたという。

私は、大阪・北野病院に入院中の最晩年の美知子さんに、前述の深田氏の文章を朗読したことがある。美知子さんははにかんだような笑顔で、ずっと聞き入っていた。読み終えた後、私も「社主、飯沼さんをお好きでしたか?」と尋ねてみた。美知子さんはにっこり笑いながら、首を横に振るばかりだった。

「不自由学園」

甲南高等女学校時代の美知子さんの話に戻る。甲南小学校時代と同様に自由な校風の中で、美知子さんは多方面で活躍した。得意の水泳では、元五輪選手の指導を受けて、「飛び板飛び込み」に挑戦。長い足を空中で真っ直ぐに伸ばし、屈伸した美しいフォームの写真が残されている。前章で、妹の富美子さんが「お姉ちゃんより高いところから飛び込む」と言って一五メートルの高さの飛び板で練習したという話を書いたが、それはこのころの話である。日本舞踊も、姉妹そろって師匠の藤間勘素娥さんも驚くほどの上達を示し、朝日新聞厚生文化事業団が大阪朝日会館で催す福祉公演に出演するまでになっていた。

一九三八年（昭和一三年）、美知子さんは甲南高等女学校を卒業すると、同級生二人と一緒に東京の自由学園高等科に進学した。当時、南沢（東久留米市）に新しい校舎ができたばかりで、広大な敷地の緑豊かな学園だった。しかし、美知子さんは「あそこは、名前は自由でも、不自由学園だったのよ」と振り返った。

美知子さんは寄宿舎に入ったが、そこでの団体生活になかなかなじめなかったようだ。

寄宿舎での生活は分刻みだった。全員が午前五時すぎに起床。七〇人の寄宿生の朝夕の食事は寄宿生自身が交代で用意した。女子部の全校生徒は約四〇〇人。昼食も生徒たち自身が交代で、クラス単位の当番で作っていた。

「朝はパンを焼いたり、オムレツを作ったり。お昼はカンテキ（七輪）をずらりと並べて一度に四〇〇匹もの魚を焼きました。校舎や校庭のお掃除も生徒たちだけでしました。休みの日、渋谷などに出て買い物するのが、唯一の楽しみでした」

美知子さんは、こんな思い出話もしてくれた。

「朝礼のとき、校長の羽仁もと子先生がいつも壇上から厳しい表情で訓示されるんです。その最中に、行列の後ろのほうで級友たちと一緒に、小声で校長先生のお顔についてあれこれ批評するんです。あの、あまり美人とは言えないお顔でしたので、声を殺して笑ったこともありました。いまから考えれば、羽仁先生には失礼なことをしたのですが……」

「実を言えば、お風呂が一番苦手でした。順番で入るのだけれど、最後のほうの順になる時もありました。その時は、湯が汚れて透明でなくなり、湯船の下に砂がたまっていました。それが嫌でした」

自由学園は、「日々の生活から学ぶ」「生活即教育」を基本理念にしており、戦前の時代から生徒たちの自立や自由を重んじる校風で知られていた。しかし、学校や寮生活の隅々まで行き渡っている「教育理念」が、美知子さんには合わなかったのかも知れない。「鬱屈（うっくつ）した日々」が約一年間続いた後、美知子さんは自由学園を中退した。最後は寮を出て、下宿生活もしたが、学校に足が向かなくなった。美知子さんが体験する「最初の挫折」だった。

美知子さんは自由学園を中退した後も東京に残った。

作曲家の呉泰次郎氏が開いていた音楽私塾に通い、音楽理論や作曲法、指揮法などを一から勉強したという。このとき、一一歳年下だった大町陽一郎氏も同じ塾で机を並べて学んだ。大町氏は後に、著名な指揮者になり、東京藝術大学の教授を長く務めた人物である。

二〇一六年秋、私は「美知子社主の名代」として東京・世田谷の大町氏宅を訪ねた。DVDカメラを回しながら、美知子さんと出会ったころの記憶を呼び起こしてもらった。

「当時、私はまだ一〇代前半の青二才でした。年上の村山美知子さんは美しく、私の憧れの的でした。呉先生の指導で、村山さんは美しい旋律をいくつも作られていて、作曲の面でもとてもかなわないと思っていました。曲の発表会では純白のドレス姿で指揮をされていた。本当にまぶしい存在でした」

この前後、美知子さんはプロの作詞家と組んで「さくらの歌」など数曲の作品をレコーディングしている。作品発表や収録の際には、オーケストラの指揮もしていた。音楽の才能が花開いた時期で、曾祖父の村山守雄氏が残した漢詩に曲をつけた「不二山」も発表している。富士山の荘厳な神秘性、宗教性を朗々と歌い上げるクラシック調の長い歌曲で、美知子さんにとっても自信作だったようだ。戦後の一九八九年（平成元年）、母の於藤さんが亡くなった時の音楽葬でも、この曲をオペラ歌手東敦子さんの独唱などで披露している。

最晩年の美知子さんは、入院先の病室でも付き添いの女性たちが用意したCDに合わせ、「不二山」の歌を楽しげに度々口ずさんでいた。若いころを思い出すような表情だった。

一九三七年（昭和一二年）七月、神風号の快挙からわずか三ヵ月後に中国・北京郊外の盧溝橋で起きた軍事衝突を機に日中戦争が勃発した。戦線は中国大陸全域に拡大し、日本全体が戦時体制に組み込まれていった。

村山家には、一九三九年（昭和一四年）の暮れに新潟県の赤倉スキー場で撮影された8ミリカメラの映像が残っている。撮影者は、美知子さんの生涯の友だった小林林之助さん。当時、村山家と小林家は家族ぐるみの付き合いがあり、両家の人たちが数日間、赤倉スキー場で一緒に過ごした。林之助さんは生前、私が用意したビデオカメラの前でこう語っている。

「オヤジが『戦争でこんな贅沢なことはもうできなくなる。商売もうまくいかなくなっているし、元気のある者は兵隊にとられるし、スキーはもう今年が最後だ』と言って、みんなで赤倉へ行きました。そのとき、村山家の人たちも赤倉にスキーに来ていました。私は、嬉しくて、懐かしくて。そこで数日間、両家で一緒に過ごすことができたのです。みいちゃん（美知子さん）とも小学生のころにかえったように楽しくおしゃべりをしました」

林之助さんのカメラマンぶりは堂に入っていて、美知子さんや富美子さんが雪面を恐る恐る滑り降りていく姿が映し出されていた。スキーに長じていた長挙さんの颯爽（さっそう）とした姿もあった。赤倉スキー場では、その長挙さんが足を骨折する事故を起こしたという。

「私の眼の前で、ふうちゃん（富美子さん）が直滑降で、ものすごい勢いで斜面に飛び出していったんです。それを見た村山パパ（長挙さん）が、ふうちゃんを助けようとスキーで追いかけていき、その直後、何かにぶつかって足の骨を折ってしまったのです。村山パパは動けなくなって、スキーのついた担架に乗せられて下へ降りて行きました。せっかくの楽しいスキーだったのに、最後に事故が起きた。とにかく忘れられない出来事でした」

一九四一年（昭和一六年）一二月八日、日本海軍による真珠湾奇襲攻撃を機に太平洋戦争が始まった。翌四二年（昭和一七年）、小林林之助さんや松本重一郎さんら、美知子さんの甲南小学校での同級生たちが応召し、出征することになった。

甲南小学校の仲間たちの結束は固く、村山邸の大広間で女性たちも含めて一〇人余りが集まって、「出征を祝う会」を開いた。

小学校五年の時の担任だった浜野茂先生も出席し、みんなで一緒に歌を歌い、美知子さんは習っていた日本舞踊を披露した。この会で、浜野先生は上半身裸になって肌に黒い墨を塗り、「酋長(ママ)の娘」という当時の流行歌に合わせて踊った。珍妙な仕草にみんなで笑い転げながら、教え子の無事を祈る恩師の心情が伝わり、最後は思い溢れて、みんなで泣いたのだという。

林之助さんが残した映像メッセージでも、戦時中の思い出に触れている。

「出征を祝う会で、みいちゃんは私たちのために日本舞踊を披露してくれました。感激しました。これがその時の写真です。終戦の前のころ、私は海軍の主計大尉になって、東京の麻布市兵衛町（現在のホテルオークラ別館の敷地）にあった村山家の別邸に泊めていただきました。松本重一郎君、のちに上智大の教授になった松本君も技術大尉となっていて、一緒の時もありました。東京が空襲を受けた際、あたりが静かになったと思って、村山パパと一緒に防空壕の外に出たところで、近くに爆弾が落ちてボカーンと大音響が鳴り響きました。その直後、村山パパが私の上に覆いかぶさるように倒れ込んでくれた。幸い、二人とも無事でしたが、私を助け起こしたとき、村山パパが『命を大切にしてくれよ』と言った言葉がいまでも耳に残っています。あの言葉があったから、なんとか命を長らえてきたのだと思っています」

戦火が国内に及ぶ中で、美知子さんも東京での暮らしをやめて、より安全な神戸の実家に戻った。しかし、一九四五年（昭和二〇年）六月、神戸空襲があり、村山邸を含む周辺の「お屋敷村」も被害を受けた。村山邸の東隣の野村邸（野村財閥の本家）、その隣の弘世邸（日本生命を創業した弘世財閥の本家）が全焼。村山邸は庭の井戸の脇に建っていた執事の家が焼けたが、幸いなことに負傷者はなく、ほかの棟は無事だった。

「あの時は、生きた心地がしませんでした。空襲が終わって防空壕を出ると、執事の家は全焼し、跡形もなく消えていました。庭のあちこちにも焼夷弾が転がり、くすぶっていました」

美知子さんが晩年に残した言葉である。

海軍士官との結婚

戦時中、美知子さんの父の長挙さんは朝日新聞社の社長を務めていた。

長挙さんの末弟で長職氏の八男の岡部長章氏は昭和天皇の侍従で、一九四五年八月一五日の終戦時には天皇の終戦詔勅の玉音放送のレコード原盤を守るために尽力したことでも知られる。朝日新聞社の社長だった長挙さんのもとには、戦況の悪化などをめぐる正確な情報が入り、林之助さんや松本重一郎さんにも伝えられていたという。終戦の直後、長挙さんは朝日新聞社が把握していた終戦詔勅への国民の反応などを、いち早く皇室や政府に伝えた。長挙さんの死後に出された追悼集『みゆかり』には、こうした経緯が詳しく書かれている。

終戦から三年後の一九四八年（昭和二三年）一〇月、美知子さんは豊田貞次郎・元海軍大将の次男とお見合い結婚をした。この男性は、豊田氏の妻の実家だった武田家の養子となっていた武田光雄さん。豊田貞次郎氏は戦時中の近衛内閣で商工相、外相、拓務相、さらに日本製鉄社長を歴任し、村山家の婚姻相手として遜色がなかった。

しかし、結婚生活は長く続かず、一九五〇年（昭和二五年）八月に協議離婚している。結婚当時、光雄さんは兵庫県伊丹市の三菱電機製作所に勤めており、新聞社の仕事に興味を示さないため、「朝日新聞社の跡取りはできない」ということになったためだと言われていた。

「取り扱い注意」という「但し書き」がある朝日新聞社の社内資料には、美知子さんの次の言葉が残っている。

「光雄さんのご両親は『村山家で光雄を立派な人間（経営者）に育ててください』と言われたのに、本人は結婚して間もなしに『新聞社のことはしないよ』と言い出し、偶然、親からの『村山家の養子になってまで、新聞社の仕事をしなくてもいいよ』という手紙を見てしまったのです」「両親に『離婚したい』と申しますと、『まあ、そんなに早まらなくても……』

となだめられました。しかし、結局うまくいきませんでした」

しかし、美知子さんの信頼を得ていた側近や、大阪国際フェスティバル協会の専務理事付きの秘書として長年、美知子さんに寄り添ってきた神谷裕子さんらによると、「公式記録」とは別に、もう一つの真相があるようにも思われる。

海軍から復員して間がなかった光雄さんは、美知子さんとともに住んでいた神戸・御影の村山邸に海軍時代の仲間や元部下らを度々招いていた。杯を重ねながら苦労話を聞き、興が乗ると放歌高吟(ほうかこうぎん)したこともあり、そんな振る舞いを美知子さんの母の於藤さんに強く咎(とが)められたというのだ。

また、光雄さんが戦友の遺骨を遺族に届ける途中、村山邸に立ち寄って応接間に遺骨を置いた際、やはり於藤さんから「不浄なものは家の外に置きなさい」と咎められ、さすがにこの時は激しい口論となったという。こんなことが重なって、光雄さんは新聞社の仕事をする意欲を失っていった。美知子さんは夫と母親の間で板挟みになって苦しみ、やむなく、母親の意に沿う道を選んだというのだ。

朝日新聞社の創業家という重荷。その重荷を背負うための周囲への気遣い。それらが美知子さんの人生を貫く通奏低音となっている、と私は思う。

前述の「取り扱い注意」の社内資料によると、一九七七年（昭和五二年）八月七日に父の長挙さんが亡くなり、同二四日に盛大な社葬が催された直後、男性の声で美知子さんに電話があった。「フェスティバルホールでの（お父上の）葬儀にお参りさせてもらいました」。その声で、美知子さんはすぐにわかり、「光雄さんですね」と問いかけたという。そこで、電話は切れた。「別れて三〇年近く経っていたのですが、びっくりしました」という美知子さんの言葉も社内資料に残されている。

長挙さんの社葬の後、美知子さんは朝日新聞社の社主に就任した。その披露パーティーが一一月一八日に東京で、同月二二日に大阪で開催されたのだが、東京でのパーティーの際、美知子さんは光雄さんを密かに招待していたようだ。美知子さんの信頼する側近が、光雄さんはパーティーに出席したと証言している。パーティー会場で、二人は顔を合わせたに違いないと私は思う。

その後、二人の復縁話があったという話も耳にしている。しかし、周囲の反対があり、うまくいかなかったようだ。

武田光雄さんは一九二〇年（大正九年）生まれで、美知子さんと同い年だった。東京高等師範学校付属中学校を卒業後、海軍兵学校に七〇期生として入学、卒業した元海軍大尉だった。

戦時中は巡洋艦「青葉」に乗り組んで南太平洋各地の激戦に加わり、砲弾の断片が大腿部を貫通する重傷を負いながら生還した。一九四五年四月七日、駆逐艦「濱風」の水雷長として、戦艦「大和」とともに沖縄方面へ水上特攻に出撃。「濱風」も撃沈されたが、重油の中を五時間泳いで救助された。ノンフィクション作家の神立尚紀氏は著書『戦士の肖像』で、光雄さんのことを一五ページにわたって取り上げている。表題は「『指揮官先頭』と『諸行無常』」。激戦の経過をたどりつつ、「武蔵　信濃　大和と、日本最大の巨艦三隻の最期に、すべて立ち会うことになった」と紹介している。「いつも飄々として、じつにスマートで洒脱、まさに絵にかいたような海軍士官だった」と、神立氏は自身のブログで書いている。光雄さんは戦後、東京大学経済学部に入学し、卒業後に三菱電機に就職した後、美知子さんと結婚した。

美知子さんの妹の富美子さんが生前、「姉と光雄さんは本当に仲の良い夫婦だったのよ」と述懐していたという話も聞いている。

光雄さんは美知子さんへの配慮から、結婚していた話は生涯、口外しなかった。再婚はせず、二〇〇六年二月に八五歳で亡くなった。死の数年前、海軍時代の知り合いで、美知子さんの幼馴染の小林林之助さんに電話し、「体も弱り、私の人生はもう長くはない。最後に美知子さんにお会いしたい」と頼んできたという。林之助さんは富美子さんに事情を話し、富美子さんの意を受けた息子の恭平さんが神戸・御影の村山邸を訪ねて、本人の意向を聞いた。このとき、美知子さんはじっと考え込み、何かを胸の奥に飲み込むような表情で、「もう、いいのよ」と答えたという。「私がもっと強く再会を勧めればよかった。でも、次の言葉が出てきませんでした。何と言ったらいいか、あのとき、伯母の表情になまめかしさを感じたのです」と恭平さんは振り返った。

最晩年の美知子さんは、入院先の大阪・北野病院の病室で付き添う女性たちに「結婚は一回すれば、もういいわね」と冗談っぽく話すこともあった。「私は朝日新聞と結婚したのよ」と言うこともあった。だが、美知子さんが最も信頼を寄せていた付き添いの女性が「社主、結婚されていた光雄さんのこと、お好きだったのですか？」と尋ねた際、美知子さんは微笑みを浮かべながら、はっきりうなずかれたという。美知子さんには、「大好きな人と一緒に暮らした幸せな時間」が間違いなくあったのだ。そう思うと、私も少し切ない気持ちになった。

なぜ、美知子さんの結婚をめぐる社内資料が「取り扱い注意」となっていたのか。理由は明白だ。美知子さんは対外的には「生涯、独身を貫いた」とされているからである。しかし、美知子さんは、そうした建て前には無頓着だったと思う。一九七三年（昭和四八年）、美知子さんの主治医を長く続けた聖路加国際病院院長の日野原重明氏（故人）が、高齢者の健康維持を目的に「ライフ・プランニング・センター」を設立した際の祝賀パーティーでのことだ。最初に来賓挨拶に立った美知子さんが「実は私は結婚に失敗した人間でございます。老後のことはみなさんと同じように気がかりです」と切り出し、付き添い役として同席していた朝日新聞社員（当時）の秋山康男氏を慌てさせたことがあったという。

第四章　夢の舞台を

プロデューサー・ミチ

村山美知子さんは短い結婚生活に終止符を打った後、吹っ切れたように米国のニューヨークへ旅立った。

一九五二年（昭和二七年）暮れのことである。妹の富美子さんも同行した。ニューヨークで二人を出迎えたのは、当時、総合商社・丸紅の社員としてニューヨークへ赴任していた甲南小学校の同級生、小林林之助さんだった。林之助さんは戦後、家業の粟おこし製造「あみだ池大黒」を再興する傍ら、丸紅に入社していた。同社でニューヨーク勤務を希望したのは、日本が敗れたアメリカという国はどんな国なのか見てやろうという思いもあったからだという。

勢い込んでニューヨークへ着いて一ヵ月後、まだ荷解きもできていないころに、幼馴染の美知子さん、富美子さん姉妹がやって来たわけである。

姉妹はニューヨークで、ヘレン・トローベルさん宅に滞在した。トローベルさんは当時、米国でも大人気だったワグネリアン（ワーグナーの曲が得意なオペラ歌手）であり、後に映画俳優にもなった。「ヘレン・トローベル」というピンク色の美しいバラの品種は、彼女にちなんで命名されている。トローベルさんがこの年五月、朝日新聞社の招きで来日し、公演の後、美知子さんらの案内で各地を旅行したのを機に、村山家との親密な関係が続いていた。美知子さんたちは、トローベルさんから「アメリカに来たら、ぜひうちに滞在してください」と声をかけられていた。

さて、林之助さんによると、美知子さんは日本を発つ前に、国際電話で「ニューヨークでは演劇を見たり、コンサートを聴いたりしたいので、よろしくね」と伝えてきた。林之助さんは、二つ返事で引き受けたものの、はて、物見遊山（ものみゆさん）の旅行のつもりなのかな、と思ったという。だが、美知子さんの頼みを断るなどということは天地がひっくり返ってもありえない。カーネギーホール、メトロポリタン歌劇場など、チケットの手配に奔走した。結局、二人は翌年の春まで三ヵ月余りニューヨークに滞在し、林之助さんの手を煩（わずら）わせながら音楽のコンサートや歌劇公演などを心ゆくまで楽しんだ。

帰国の際、美知子さんが「日本へ帰ったら、戦争で荒（すさ）んだ日本が温かくなるようなものを作りたい」と独り言のようにつぶやいたことが、林之助さんの耳に残ったという。当時は意味がわからなかったが、「あの言葉が大阪国際フェスティバルとして結実したのだ」と、後になって合点（がてん）がいった。

ニューヨーク旅行から三年後の一九五六年（昭和三一年）、美知子さんは大阪国際フェスティバルの準備を本格的にスタートさせた。

美知子さんが大阪国際フェスティバルの運営に携わるようになった経緯については、二〇〇九年（平成二一年）に出版された『永遠（とわ）の響き　フェスティバルホールの半世紀』に詳しく書かれている。

この本は、大阪国際フェスティバルの舞台となったフェスティバルホールが建て替えのため、いったん取り壊される際、旧ホールの輝かしい歴史を残すために編纂（へんさん）された。私が編集委員会の事務局長を務め、美知子さんにも長時間インタビューをして、「大阪国際フェスティバル協会会長の思い出」と題した小文にまとめている。ここからしばらくは、このインタビュー原稿と関連資料に沿って筆を進めていきたい。

大阪国際フェスティバルを始めるきっかけになったのは、アウセー・ストロークという村山家にゆかりの深い音楽プロモーターが、美知子さんの両親の長挙さんと於藤さんに向けて発した次の言葉だった。

「欧州の名門フェスティバルにひけを取らない音楽フェスティバルを日本でもやってみてはどうか。プロデューサーはミチ（美知子さん）しかいない」

一九五六年、美知子さんが三六歳の時だった。当時、ストローク氏は八〇歳。ニューヨークを拠点に音楽事務所を経営していたラトビア生まれの白系ロシア人で、日本語も堪能（たんのう）だった。戦前、朝日新聞社が主催したコンサートに関わり、バイオリニストで作曲家でもあったフリッツ・クライスラー、バイオリニストのヤッシャ・ハイフェッツ、エフレム・ジンバリスト、ピアニストのアルトゥール・ルービンシュタインといった著名な外国人音楽家たちの日本公演のほとんどすべてをストローク氏が手がけていた。美知子さんはこうしたコンサートに通い詰め、裏方役を務めていたストローク氏とも親しくなっていた。コンサートの後、演奏の出来栄えなどについて話が盛り上がることもしばしばだったという。

そのストローク氏が、美知子さんの演奏家や音楽を見定める才能、事業家としての可能性を見込んで、日本での「フェスティバル開催」という新たな挑戦の提案をしたのである。

美知子さんの両親は、ストローク氏の提案に賛成した。美知子さん自身はインタビューの中で、こう述べている。

「ストロークさんが、どうしても日本でフェスティバルをするべきだ、私が欧州のフェスティバルに連れて行ってあげるから、一緒に視察してきましょう、とまで言ってくれたのです。それで、両親もその気になって、私も覚悟を決めたのです」

ところが、欧州行きの話が決まってから一〇日ほど後、ストローク氏は東京で心臓病のため急死してしまった。

「それはショックでした。でも、あのおじいちゃんから、あれほどまでに言われたのだから、ここはやらなきゃなるまい、という気持ちになりました。私ひとりでヨーロッパへ行くことを決めたのです」

アウセー・ストローク氏は昭和初期、欧米の一流音楽家らを相次いで日本に招き、「日本洋楽界の父」と呼ばれるほどの人物だった。とりわけ朝日新聞社、村山家との関係が深く、その死後、朝日新聞社会長だった村山長挙さんが実行委員長となってストローク氏の音楽葬を日比谷公会堂で営んだ。墓も横浜市内の外国人墓地に朝日新聞社が建立した。

欧州視察報告書

美知子さんのヨーロッパ視察旅行は一九五六年（昭和三一年）の夏、約二ヵ月間に及んだ。主な訪問先はオーストリアのザルツブルクとイギリスのエジンバラ。いずれも有名な音楽祭の開催地だった。

ザルツブルクはオーストリアの中北部にある人口約一五万人の地方都市。モーツァルトを生んだ街として知られ、音楽祭もモーツァルトを記念して始まったとされている。美知子さんはこのとき、ウィーン国立音楽大学指揮科に在籍していた大町陽一郎さんに通訳と案内役を依頼した。大町さんは前述したように、かつて作曲家の呉泰次郎（ごう）氏のもとで美知子さんと机を並べて音楽や作曲を勉強した仲間だった。当時は二五歳の青年になっていて、東京芸術大学の作曲科に入学後、指揮者を志してウィーンに留学していた。

「大町さんには、本当にいろいろ助けてもらいました。ザルツブルクではちょうど音楽祭を開催中で、主会場の古いホールでモーツァルトのオペラ『フィガロの結婚』を観劇しました。大感激でした。アメリカやヨーロッパ各地からの観光客で大変にぎわっていて、街全体が華やいだ雰囲気でした」

ザルツブルク音楽祭を視察した後、美知子さんは大町さんの案内でウィーンも訪ねた。ウィーン市内の「ヘレンガッセ」というビルの最上階にあったワインカフェ「ホッホハウス」が、大町さんのお気に入りの場所だった。大町さんは美知子さんをこのカフェに誘い、眼下に広がるウィーンの街の景色について説明したという。美知子さんも感激し、聖ステファン教会のゴチック様式の尖塔などを一望する風景をカメラに収めた。

「大町さんがカメラアングルを決めてくれました。私はただシャッターを押しただけです」

美知子さんは謙遜して、そう話していた。しかし、この写真は美知子さんにとって忘れられない一枚となる。帰国後、美知子さんはネガを元に横四メートル、縦二メートルの大きさに引き伸ばし、板に貼り付けてパネル写真にした。その特大写真パネルは東京の銀座朝日ビルにあったフェスティバル協会事務所の美知子さんの部屋にずっと飾られていた。

二〇一六年（平成二八年）、銀座朝日ビルはホテルなどが入居するビルに建て替えられたが、この写真パネルだけは朝日新聞大阪本社九階の社主室に移され、いまも主人のいない部屋の壁に掛けられている。

ウィーンでは「社交界にデビュー」とも言えそうな、著名な音楽家や後援者たちのパーティーにも出席した。フェスティバルの運営に欠かせない人脈を広げることもできたようだ。

ウィーンに続いて美知子さんが訪れたのは、英国のエジンバラ市。同国北部のスコットランドの中心都市である。開催中のエジンバラ・フェスティバルでは、音楽コンサートだけでなく、市内各所でお芝居が上演されたり、エジンバラ城の上でマスゲームが催されたり、広場の通りで楽隊のパレードがあったりで、観客たちを楽しませる多彩なプログラムが用意されていたという。美知子さんは、同フェスティバルの事務局長に会った際、「フェスティバルを主催するのは大変です。病気になってしまいますから、気をつけてください」と言われた。その三年後、美知子さんは大阪で第二回フェスティバルを無事終えた直後に自律神経失調症を患い、「エジンバラの事務局長が言ったのは本当だった」とあらためて思ったという。

それはともかく、ヨーロッパの二つの音楽祭の視察は、美知子さんにとって大きな収穫となった。

「当時、日本では音楽フェスティバルといっても、いったい何のこと？　といった感じでした。でも、ヨーロッパのフェスティバルで、本場の空気を肌で感じたことは貴重な経験になりました。その一方で、ザルツブルクもエジンバラも、一流中の一流の音楽家たちが集まっており、正直言って、とても日本ではできないと気後れも生じました」

帰国後、美知子さんは「視察報告書」をまとめた。ヨーロッパの音楽フェスティバルについて、運営方法や資金面なども含めて詳細に伝え、「ヨーロッパのフェスティバルは、音楽をめぐる歴史や文化を背景に、政府や地元の州から多額の補助金が出されて運営されている」としたうえ、「日本でフェスティバルを開催する場合は、私たちにできる形を検討しなければならない」と結論づける内容だった。

この報告書について、朝日新聞社の内外から好意的な反響が寄せられ、「やってみよう」

という気運になったという。

美知子さんがヨーロッパに旅立ったころ、一九五六年（昭和三一年）夏に朝日新聞大阪本社の東側で音楽ホールを併設する新ビルの建設工事が始まっていた。総工費約五〇億円。地上一三階、地下二階のホテルが入居するビルと、隣接の音楽ホールが一体となった設計だった。ホール部分の設計は大阪大学の北村音一教授が担当。優美な曲線を描く天井の反響効果などによって、後に世界的な指揮者カラヤン氏が絶賛する音響を実現した。二階席まで含め二七〇〇人収容するホールは、当時の日本で最大級の規模だった。

工事は急ピッチで進み、翌一九五七年にはビルとホールが全容を現した。ホールの完成に合わせて、大阪で音楽フェスティバルの幕を開けるスケジュールが決まり、美知子さんらは準備に奔走した。朝日新聞社会長となっていた長挙さんが「このフェスティバルは新聞社一社がやるものではない」との見解を示したのに従い、朝日新聞社のほか、毎日、読売、産経の各新聞社と大阪府、大阪市、大阪商工会議所で芸術祭協会を結成した。この芸術祭協会が主催して一九五八年（昭和三三年）四月、第一回大阪国際芸術祭が開催された。これが、今日まで続く大阪国際フェスティバルの出発点となった。そして、この芸術祭を実質的に運営したのが、村山家と朝日新聞社を後ろ盾にした美知子さんだった。

「なにしろ、東洋ではじめてのフェスティバルになるので、招聘（しょうへい）するアーティストの皆さんに説明するのが大変だったのよ。『日本に音楽ファンがいるかどうかわからない』と心配するアーティストもいたわ」

開幕を飾ったのは、ニューヨーク・シティ・バレエ団による四夜連続公演だった。「契約金額や出演交渉が困難をきわめた」と美知子さんは言う。四月二〇日と二二日に登場したジャン・ピアーズ氏はニューヨーク・メトロポリタン歌劇場のテノール歌手。一九五二年暮れから五三年春にかけ妹の富美子さんと一緒にニューヨーク滞在を楽しんだ際、メトロポリタン歌劇場でピアーズ氏の公演を直接聴いて感動したことから、出演を依頼したという。美知子さん自身が出演交渉し、快諾を得た。ピアーズ氏は妻と一緒に来日した。

「本当にいい声だったのよ。私の耳を信じてよかった」

美知子さんは、懐かしそうに話した。

誇り高きマエストロたち

ザルツブルク人形劇団の出演については、オーストリア大使から推薦があった。ザルツブルクは美知子さんがフェスティバルの視察に訪れた街だったこともあり、大使の推薦を「渡りに船」と思い、決めたという。マリオネット（操り人形）による楽しい物語が好評だった。

美知子さんは、戦前に朝日新聞社主催のコンサートに何度も出演していた米国のバイオリニスト、ヤッシャ・ハイフェッツ氏にも出演依頼の手紙を出した。ハイフェッツ氏からは「観光には行くけど、演奏には行かない」との返事が来たという。ハイフェッツ氏は「バイオリンの王」とも呼ばれた二〇世紀を代表するバイオリン奏者だ。

「彼は誇り高きソリストです。年齢的に全盛期を過ぎており、納得のいかない演奏を日本の聴衆に聴かせたくなかったのでしょう」

美知子さんは、そう振り返った。

この国際芸術祭で初来日したレニングラード・フィルハーモニーには、後に世界的なチェロ奏者、指揮者となるロストロポーヴィッチ氏も同行していた。この時はチェロ奏者として出演している。美知子さんと長きにわたって親しい交流が続いたロストロポーヴィッチ氏との最初の出会いだった。ロストロポーヴィッチ氏はその後、大阪国際フェスティバルに一〇回近く出演して、大の日本贔屓になり、後年、母国のサンクトペテルブルク市内の自邸に日本式庭園を作り、ヒノキで出来た日本風のお風呂もしつらえている。

二〇〇三年（平成一五年）一一月、ロストロポーヴィッチ氏が日本政府から旭日重光章の叙勲を受けた際には、外務省公館で催された祝賀会に美知子さんも招かれ、ロストロポーヴィッチ氏の指名による賓客として待遇された。祝賀会で挨拶に立ったロストロポーヴィッチ氏は開口一番、こう話した。

「今日、私が栄えある叙勲を受けられたのは、すべて、ここにいるミチ（美知子さん）のおかげです。ミチがいなければ、今日の日はなかった。こんなに日本には来なかったし、日本が好きにはなりませんでした」

記念写真の撮影の際も、美知子さんは中央最前列でロストロポーヴィッチ氏夫妻のすぐ隣に招き寄せられ、二人は最高の笑顔でカメラに収まっている。

第一回大阪国際芸術祭は成功裏に終わった。しかし、芸術祭の運営方法などをめぐって主催団体の間で齟齬（そご）が生じたため、第二回からは財団法人大阪国際フェスティバル協会を立ち上げ、同協会の単独主催事業となった。名称も現在と同じ「大阪国際フェスティバル」となり、美知子さんは同協会の専務理事として、企画・運営の全般について名実ともに全責任を負うことになった。

一九五九年の第二回フェスティバルでは、旧ソ連の著名な作曲家のストラヴィンスキー氏が指揮を務めてコンサートを開いている。そのきっかけは第一回フェスティバルでのレニングラード・フィルの成功を耳にしたストラヴィンスキー氏本人からの手紙だった。「来年の大阪国際フェスティバルに是非とも出演したい」と書かれた文面を見て、美知子さんは小躍りしつつ、「あの大作曲家が！」「本気だろうか？」と訝（いぶか）しんだという。不安な思いで承諾の返事をした後、入念に準備を進め、一年後にＮＨＫ交響楽団とのコンサートを実現できた。美知子さんは「超満員の大成功だったのよ」と嬉しそうに振り返った。オーケストラピットに一〇〇席の補助席を特設しても入りきれない人がいた。

実際、ストラヴィンスキー氏の来日公演は各方面から絶賛された。当時、音楽評論家の雑（ざ）喉（こう）潤氏が「ストラヴィンスキーが来演し、自作曲を披露した時には、全世界の音楽関係者が驚いた。まさにインターナショナルなフェスティバルであることを立証していた。関西だけではない。東京はもちろん、外国からも熱心なファンが来ていた。当時は、大阪国際フェスティバルの独走状態だった」と書いている。

一九六〇年の第三回フェスティバルでは、ボストン交響楽団を招聘した。後に小澤征爾氏が音楽監督となるアメリカの名門楽団である。指揮者としてシャルル・ミュンシュ氏とともに、米国を代表する作曲家のアーロン・コープランド氏も同行し、コープランド氏は自作の曲などを指揮した。この年の暮れには、フェスティバルの特別公演として、イタリアの指揮者、カルロ・マリア・ジュリーニ氏が率いるイスラエル・フィルハーモニー管弦楽団を日本に招いた。

二〇〇八年の美知子さんへのインタビューの際、私は「大阪国際フェスティバルへ招いた音楽家の中からベストスリーを選んでほしい」と尋ねた。彼女の答えはこうだった。

「この半世紀に聴かせてもらった音楽家で言えば、四人を挙げたいわ。やっぱりカラヤン。ビルギット・ニルソンもすばらしかった。ピアノではワイセンベルクの演奏が私は好きでした。それと、もう一人。イタリアの指揮者のジュリーニも上品で良かったですね」。いずれも実力者だが、ジュリーニ氏が日本でよく知られるようになるのは一九七〇年代以降とされている。美知子さんの音楽センス、音楽へのこだわりを示す話だとあらためて思う。

一九六一年の第四回フェスティバルでは、当時まだ国交のなかった旧東ドイツ（ドイツ民主共和国）からライプチッヒ・ゲヴァントハウス・オーケストラが来日した。指揮者のコンヴィッチュニー氏に率いられた音楽史に残るオーケストラだが、来日実現までの道筋は困難を極めた。美知子さんは母親の於藤さんに相談し、縁戚にあたる小坂善太郎外務大臣（当時）に頼み、東独政府、西独政府、日本政府の間の調整役をしてもらった。その結果、コンサートの開催にあたっては、東ドイツの国旗は出さない、国歌も演奏しない、という条件でやっと認められた。小坂外務大臣は、美知子さんの父方の従姉妹の旦子（あさこ）さんの夫・小坂徳三郎氏の実兄だった。美知子さんは日頃から旦子さんや小坂兄弟とも親しい付き合いがあり、善太郎氏は後に大阪国際フェスティバル協会の理事長にも就任している。

ついに実現した「奇跡の公演」

大阪国際フェスティバルの評価を飛躍的に高めたのは、一九六七年（昭和四二年）の第一〇回フェスティバルだった。

この年、悲願だったドイツの「バイロイト・ワーグナー・フェスティバル」の引っ越し公演を実現した。この音楽祭は、ドイツ・バイエルン州にあるワーグナーゆかりのバイロイト市で毎年夏に催され、ワーグナーの長時間のオペラを一気に上演することと、〝光の芸術〟と呼ばれた斬新な舞台構成で人気を博していた。それまで世界各国からの公演の懇請があったというが、いずれも実現せず、日本への招聘は至難とされていた。

出演交渉は、その八年前までさかのぼる。

一九五九年に第二回フェスティバルを終えた後、美知子さんは欧州へ赴き、チェコスロバキア（当時）の「プラハの春音楽祭」などを視察した。その旅行で、美知子さんはバイロイト・フェスティバルを見て感銘を受け、ぜひ大阪に呼びたいとの意向を伝えた。一九六六年

（昭和四一年）、美知子さんはバイロイト市を訪ね、大作曲家ワーグナーの孫にあたるウォルフガング・ワーグナー氏と会って最終交渉に臨んだ。

劇場の公演中、長い休憩時間に楽屋を訪ね、大阪国際フェスティバル協会で日頃から協力してもらっている音楽ジャーナリストのハンス・プリングスハイム氏の通訳で話し合いはまとまった。このとき、バイロイト・フェスティバルの総監督をしていた兄のヴィーラント・ワーグナー氏は入院中だったが、美知子さんはその病院を訪ね、ヴィーラント氏にも会っている。その一ヵ月後、ヴィーラント氏はがんで亡くなった。日本公演の前に、美知子さんは再びドイツを訪ねてウォルフガング氏に会い、「兄のヴィーラント氏の制作、演出した通りの公演にする」という契約書を交わして、本番を迎えた。

「兄の演出通り」を実現するため、美知子さんはフェスティバルホールの舞台の手前下側の「オーケストラピット」を深く、広くする大改修を決断した。専用の特殊照明器具五〇台をドイツから輸入した。この器具を操作するため、ホールの照明係をバイロイトに一〇日間派遣し、技術を習得させた。上演時には、出演者だけでなく、多くの裏方の人たちにも来日してもらい、舞台もワーグナー氏の言う通りに準備した。「急斜面の高い舞台で、ゴム底の靴でも滑って危ないほどだったのよ。そこで歌うのはさぞかし大変だと思いました」と美知子さんは振り返った。

公演は一九六七年四月七日から一七日の八回だった。『トリスタンとイゾルデ』『ワルキューレ』というワーグナーの代表的な二作品を四回ずつ。文字通り、満席の観客を集めて公演し、大反響を呼んだ。

「いずれも最高の出来でした」

「歌手も良かった。イゾルデ役のビルギット・ニルソンがとくに良かったですね」

美知子さんは満足そうな表情で話した。

この公演があったのは大阪のフェスティバルホールのみ。このため、俳優の小沢栄太郎、茶道裏千家の家元・千宗室、俳優でタレントの黒柳徹子の各氏をはじめ、有名人らが東京などから続々と大阪に駆けつけた。アジア各地からも大勢の音楽ファンがやって来たという。舞台芸術家の妹尾河童氏は公演を目の当たりに見て、舞台装置の斬新さに感激し、自身が担当していたテレビ番組「ミュージックフェア」の背景デザインを一変させたという。

公演実現のためにつぎ込んだ費用の総額は約二億円。当時としては莫大な金額で、入場券の価格も最高ランクのロイヤルボックス席が六万円（二日間の通し券）となった。この年の物価を見ると、喫茶店でコーヒー一杯が七〇～八〇円、かけ蕎麦一杯が六〇円、都バス料金が三〇円、大学卒の初任給が三万六〇〇〇円。入場料六万円は、現在の価格に換算すると三〇万円ほどになる。この入場券の値段を『週刊新潮』が取り上げ、「ケタ外れ」「法外な」「ムチャだ」とこき下ろした。大阪国際フェスティバル協会専務理事だった村山美知子さんの以下の談話も掲載していた。

「結局、バイロイトでやるのと少しも違わないやり方でやると、どうしても高くなるんです。ホントに好きな人はなんとかして来ると思うんですよ。ただ、人気があるから行ってみようという人は相手にしないんです」

同誌は、この談話部分を切り取り、『イヤな人は来なければいい』と平然といい切るあたり、さすがというか、なんというか」と皮肉たっぷりな前文もつけて紹介していた。

著名な音楽評論家の吉田秀和氏（故人）は、このバイロイト・フェスティバル引っ越し公演を高く評価した。「日本のオペラ史上、最も輝かしい金字塔的意義をもつ」「強烈な印象と深刻な感銘を与えるもの」「忘れろといわれても忘れようのない一つの事件」「日本の聴衆にとっても、これは当時として、最も完成された形でのワーグナーの最高の傑作に接することになった」と、言葉の限りを尽くして絶賛した。

この第一〇〇回記念フェスティバルでは、米国の指揮者、ユージン・オーマンディー氏がフィラデルフィア交響楽団を率いて公演した。オーマンディー氏は大変な暑がりだったという。五月初めにもかかわらず、練習時に玉のように汗をかいていた。「フェスティバルホールがこんなに暑いのだったら、明日から演奏できない」と休憩時間に美知子さんを呼んで宣言したという。

で、美知子さんはどうしたのか。

「気温が何度とかにならないと冷房は入れられない、という規則がホールにはあったのです。でも、無理を言って、冷房を入れてもらいました。ところが、冷たい空気は横から出てくるので、指揮者のところまでは届かない。それで、冷房ダクトの延長みたいなもの、つまり煙突のような筒をステージに向けて取りつけました。客席からの見た目はすごく悪かったのですが、指揮席に吹き付けるようにしました。すると、オーマンディーさんは納得したのですが、今度はハープ奏者が背中のほうが寒くて弾けないと訴えます。でも結局、指揮者の要望を優先させました」

「帝王」カラヤン降臨

二〇世紀最高とされる指揮者、ヘルベルト・フォン・カラヤン氏が率いるベルリン・フィルハーモニー管弦楽団は大阪国際フェスティバルに三度来ている。一九六六年（昭和四一年）の第九回、一九七〇年の第一三回、一九七七年の第二〇回の各フェスティバルだった。最初の六六年のフェスティバルでは、チケット発売日の四日前から徹夜の行列ができ、あっという間に売り切れるという記録破りの公演となった。

カラヤン氏は実は、五七年にベルリン・フィルを率いて、五九年にウィーン・フィルを率いて来日していた。五九年にはフェスティバルホールでも大阪国際フェスティバルの枠外で公演しているが、その後、六六年まで七年間のブランクがあった。当時、日本には音楽専用ホールが少なく、各会場での音響が気に入らず、不満の言葉を残して帰国したという。そのカラヤン氏を招聘するため、美知子さんは一九五六年の最初の欧州視察旅行でウィーン社交界のパーティーに出席した際にできた人脈を頼った。

第九回フェスティバルでの公演の初日、演奏中にコツコツという音がしたということで、カラヤン氏が立腹した。音には神経質なカラヤン氏にどう謝ったらいいのか。美知子さんは思案の果て、フェスティバルホールに隣接する宿泊先のグランドホテルのグリルで食事をする予定のカラヤン氏を、捕まえることにした。

「カラヤンさんが一人でグリルに入ってきたので、『ここだ』と思い、近づきました。『ホールで起きたことは、すべて私の責任です』とお詫びすると、彼は『もう忘れてください』という言葉を返してくれたのよ」

コンサートでは、雑音や冷たい風を嫌うカラヤン氏のため、開演の数分前には冷房をすべて止めた。「聴衆の皆さんも我慢してくれました。彼が指揮台に上がる何分か前には、客席がシーンとなっていました。お客さんたちも緊張し、高揚した気分の中で、演奏が始まるのを待ったのです」

こうした努力の積み重ねで、二人の信頼関係が深まっていった。

一九七〇年（昭和四五年）のカラヤン氏のコンサートは、大阪万博を主催する日本万国博覧会協会との共同主催の形をとった。美知子さんは、カラヤン氏に懇請し、ベルリン・フィルによる六夜にわたる公演を企画。演目については、ベートーヴェンの交響曲を全曲演奏する「ベートーヴェン・チクルス」を熱望した。カラヤン氏は快諾し、連日、大評判のコンサートとなった。一九七七年（昭和五二年）の第二〇回記念フェスティバルでは、ブラームス・チクルスを依頼した。その年の東京公演ではベートーヴェン・チクルスを演奏してもらった。いずれの公演も満席となった。

一九六〇年に完成したオーストリア・ザルツブルクの祝祭大劇場で、ベルリン・フィルがリハーサルをした際、カラヤン氏がメンバーらに「このホールはどこに似ていると思う？」と尋ねると、全員が声を揃えて「大阪のフェスティバルホールに似ている」と答えたという。美知子さんは、このエピソードをことのほか喜び、フェスティバルホールを訪ねてくる賓客らに何度も披露している。

美知子さんがカラヤン氏を大阪・伊丹空港で出迎えた際や、新大阪駅で東京への新幹線を見送る際など、二人のツーショット写真は数多く残っている。世界的カリスマ指揮者カラヤン氏に引けを取らない美知子さんの美しく軽やかな笑顔が印象的で、『週刊朝日』のグラビア写真に取り上げられたこともある。

大阪万博では、前述したカラヤン氏とベルリン・フィルによるコンサートのほか、パリ管弦楽団、アレクシス・ジギスムント・ワイセンベルク氏のピアノ、マルセル・マルソー氏のパントマイム劇に絞って、日本万国博覧会協会と大阪国際フェスティバル協会との共同主催とした。会場はいずれもフェスティバルホールだった。

この大阪万博で、美知子さんはクラシック・プロデューサーに就任、開催の数年前から各国に出演交渉し、「ＥＸＰＯ'70ＣＬＡＳＳＩＣＳ」のマスタープランをほぼ完成させた。その後、曲折があって円満にプロデューサーの任を辞したが、万博に多大な貢献をしたことに変わりはない。

後年、美知子さんは「私は大阪万博の名にふさわしい豪華プログラムを組もうとしたのだけれど、万博協会の方から『刺身だけでなく、刺身のツマも用意してほしい』と言われたの。それはできないので、身を引いたのよ」と振り返った。

美知子さんがフェスティバル協会を実質的に率いた半世紀の間に、大阪国際フェスティバルに最も多く出演した海外アーティストの一人は、前述のワイセンベルク氏である。

一九五二～五三年に美知子さんが妹の富美子さんと一緒にニューヨークを訪ねた際、ワイセンベルク氏の演奏をはじめて聴いて感激して以来、「いつかは」と、美知子さんは考えていたという。一九五八年にフェスティバルがスタートした当時、ワイセンベルク氏は演奏活動を休んでいたが、活動再開の報を受けてすぐにフェスティバルに招いた。出演回数は一九六九年の第一二回から一九八二年の第二四回にかけて計七回に及んだ。

ワイセンベルク氏は容姿も端麗で、女性から人気があった。黒柳徹子さんの半生を描いたテレビドラマでは、ワイセンベルク氏と思しき男性が「かつての恋人」として登場している。フェスティバルホールの職員らも、ワイセンベルク氏の公演終了を待つ、ドレス姿の黒柳さんを度々目撃していたという。美知子さんは「ワイセンベルク氏の写真入りのプログラムはよく売れました」と懐かしく話した。

一九九八年の第四〇回フェスティバルにワイセンベルク氏を招いた時のことだった。本番を前にした練習の際、彼の指が動かなくなった。パーキンソン病だったという。体調も最悪で、コンサートを行うのは困難な状況だった。美知子さんは、本番の準備をしていたワイセンベルク氏に「コンサートは無理ですね。中止しましょう」と諭すように伝えた。本人も目に涙をため、公演中止の判断に同意したという。

「私も辛かったですね。でも、聴衆の皆さんにも、演奏者にもご迷惑をかけないようにするのが、主催者の務めです。その後、彼は演奏活動はやめましたが、いまもスイスで余生を楽しんでいます」

美知子さんは、そう振り返っていたが、ワイセンベルク氏は二〇一二年一月、スイスで亡くなった。神戸・御影の村山邸の応接間のグランドピアノの周辺には、ワイセンベルク氏の特大の写真が数枚、最後まで飾られていた。

ワイセンベルク氏は一九七七年、『アレクシス・ワイセンベルク――その万華鏡的肖像――』と題した本を西ドイツ（当時）のレンブラント出版社から出版している。親しい友人グステル・ブロイア氏によるインタビューをまとめた内容だが、大阪国際フェスティバルについて触れた以下のくだりがある。

「非常に有意義なことをご紹介しておきたい。それはむかし、王子や総督や皇帝が自国の芸術に対して責任を感じていた、あの失われた時代の名残りが、長い年月を経たいま、なお存在しているという話である。それは日本の大阪国際フェスティバルのことだ。このフェスティバルは、有名な村山家の芸術保護の理念によって運営されているもので、その主宰（ママ）者は村山未知女史（美知子さんが音楽の世界で使用していた名前＝筆者注）である。大阪では、ゆきとどいた配慮と完璧な組織と計画、ならびに熱意によって、世界中から集まる芸術家に対して、最善を尽くせる条件が与えられている。それは、すべてのいわゆる〈商業的〉音楽マネジャーの範とすべきものである」（音楽ジャーナリスト、ハンス・プリングスハイム氏によって翻訳され、音楽之友社から出版された全訳本による）

「この人は必ず伸びる」

一九七一年の第一四回フェスティバルには、バイオリニストのユーディ・メニューイン氏が招かれた。

戦後間もない一九五一年、朝日新聞社の招きで米国の親善大使として日本を訪れて以来、二〇年ぶりの来日公演だった。最初の来日の際、出会った靴磨きの少年にバイオリンを贈ったという美談が朝日新聞に掲載され、この話を元にした創作童話も発行されていた。美知子さんをはじめ、村山家の人々が親日家だったメニューイン氏を温かくもてなしたエピソードについては後述する。

美知子さんらが苦労しながらフェスティバル開催を重ねるうちに、出演者からの口伝えなどで、大阪国際フェスティバルの評価が上がり、フェスティバルホールの音響の良さなどもヨーロッパの音楽界で広く知られるようになっていった。そうなると、海の向こうから自薦・他薦の出演志願が次々に届くようになった。ヨーロッパと日本には時差があるため、神戸・御影の村山邸に深夜や明け方に電話がかかってくることもあった。そんなとき、美知子さんは眠気をこらえて、英語で懸命に応対したという。

村山邸には、世界中の若き音楽家たちからも自身の演奏を録音したデモテープと自薦の手紙が郵送されるようになった。多い時は一ヵ月で段ボール箱がいっぱいになるほど。美知子さんはテープについた手紙を読みながら、時間があればデモテープを聴いた。もしも心が震える演奏をする音楽家を見つけたら、フェスティバルホールでソロコンサートをさせてあげたいと思っていたという。「ミチにデモテープを送れば、聴いてもらえる」という話はずっと残り、二〇〇七年に私が美知子さんのお世話役となってからも、時々、世界への飛躍を夢見る若手音楽家から手紙とデモテープが届いていた。欧米各国から村山邸に届いた小包の封を開け、「ミチさんなら、私の演奏力を評価してくださるはずです」といった熱い文面とテープを見る機会が何度かあった。

世界的な指揮者となった小澤征爾さんと美知子さんとの交流についても触れたい。小澤さんは一九五九年、二四歳の時にフランス・ブザンソンでの国際指揮者コンクールで優勝し、一躍脚光を浴びた。しかし、帰国後、日本の音楽界では「若造」扱いされ、仕事に恵まれない時代が続いた。そんなとき、美知子さんは小澤さんの才能をいち早く評価し、大阪フィルハーモニーの常任指揮者だった朝比奈隆氏の反対を押し切って、大阪フィルの指揮を依頼した。これを機に日本国内での活動の場ができ、一九六二年には二六歳でＮＨＫ交響楽団の指揮者に招かれた。

ところが、その数ヵ月後、二七歳だった小澤さんは、Ｎ響の全メンバーから「若いのに生意気だ」などとして演奏をボイコットされる。世に言う「Ｎ響・小澤事件」である。このとき、小澤さんのことを一番心配し、励ましつづけたのが美知子さんだった。

小澤さんはN響事件の後、失意のうちに外国へ旅立ち、やがて「世界の小澤」へと飛躍していった。小澤さんが日本を離れて七年後の一九六九年春、カナダのトロント・シンフォニーを率いて日本へ「凱旋公演」した際にも、美知子さんが全面的にバックアップした。第一二回大阪国際フェスティバルの開幕から三日間、大事なオープニングコンサートを、小澤さんとトロント・シンフォニーに任せたのだ。

佐渡裕さんについても、美知子さんは親身になって応援した。佐渡さんが一九八九年にフランス・ブザンソンの国際指揮者コンクールで優勝した後、やはり「若さ」を理由に日本国内で活動の場がなかなか与えられなかった。しかし、美知子さんは佐渡さんの実力を高く評価し、一九九五、九六年に大阪国際フェスティバルへの出演を依頼した。とりわけ九六年に大阪センチュリー交響楽団などを指揮したコミックオペラ『キャンディード』(佐渡氏の恩師のレナード・バーンスタイン作曲)が大成功を収め、上昇気流に乗ったとされている。

美知子さんは、指揮者の井上道義さんに対しても、大阪国際フェスティバルの舞台で様々な実験的コンサートへの挑戦を認め、応援した。二〇〇四年の第四六回フェスティバルでの『ラ・ボエーム』、二〇〇六年の第四八回フェスティバルの『ブリリアント・モーツァルト』などである。

一九六五年(昭和四〇年)のショパン国際ピアノコンクールで優勝したマルタ・アルゲリッチさんも、美知子さんの希望で一九七六年の第一九回フェスティバルに初招聘した。このコンサートの成功を機に、アルゲリッチさんは日本で活動の場を広げ、一九九八年からは毎年のように、九州・別府市で「別府アルゲリッチ音楽祭」を開催している。

カラヤン氏が見出したとされる天才バイオリニスト、アンネ・ゾフィー・ムターさんが最初にフェスティバルに出演したのは一九八二年の第二四回フェスティバルだった。美知子さんは「楽屋で背中のジッパーが上がらなくて、私が上げてあげたのよ。でも、彼女はまだ子どもだったから、覚えていないでしょうね」と振り返った。三回目の出演となった二〇〇八年の第五〇回フェスティバルの際、朝日新聞社の同僚に託して、このエピソードを本人にぶつけてもらった。ムターさんは覚えていて、「あの時はスシを食べすぎちゃって太っていたのよ」と笑い転げたという。

スペインのギターリスト、アンヘル・ロメロさんもフェスティバルの常連だった。最初の公演は一九八五年の第二七回のはずだった。このとき、担当者が成田空港へ出迎えに行くと、降りてきたのはアンヘルさんの兄のセリン、ペペの二人。肝心のアンヘルさんはスペインの空港で病気になって飛行機に乗れず、代わりに兄二人が飛び乗ったという。ロメロ家は高名なギターリストの一家で、兄たちの「デュオ」ということで、第二七回フェスティバルは乗り切った。二年後の第二九回フェスティバルでは、アンヘルさんや父親のセレドニオさんら一家四人で来日し、ギター・カルテットを披露した。美知子さんはロメロ一家のスペイン人らしい大らかさに半ばあきれつつも、アンヘルさんの冗談好きの性格を気に入っていた。

「公演後、一緒にグランドホテルのレストランで食事した際、ビバルディ（イタリアのバロック期の作曲家アントニオ・ビバルディ）の『四季』が繰り返し流れていた。そしたら、彼はニコニコしながら、『（フォーシーズンズでなく）テンシーズンズ』って言うのよ」

アンヘルさんの口調を再現し、尻上がりに「ティエ～ン、シ～～～ズンズ」と話す際の美知子さんのいたずらっぽい笑顔を、私はいまも忘れられない。

二〇〇八年の第五〇回フェスティバルの際、体調を崩して会場に行けなかった美知子さんを心配し、アンヘル・ロメロさんは公演の後、ギターを抱えて神戸・御影の自宅を訪ねてくれた。私はロメロさんを宿泊先のホテルで出迎え、挨拶したが、所用のため、村山邸での即席のホームコンサートには同席できなかった。村山邸で、ロメロさんはユーモア満載の話で美知子さんを楽しませた後、何曲も演奏し、美知子さんの長年の恩顧に報いたという。

一九九五年の第三七回フェスティバルでは、一七歳の女流バイオリニスト、リーラ・ジョセフォウィッツさんが佐渡裕氏指揮の東京交響楽団と組んで開幕を飾った。

その四年近く前、美知子さんは、まだ一四歳だったジョセフォウィッツさんの海外での演奏をNHKテレビで見て、「素晴らしい技巧と音楽性、真摯（しんし）な演奏姿勢に感心したんです」と振り返っている。美知子さんは「この人は必ず伸びる」と各方面に手を尽くして、彼女の初来日を実現させた。美知子さんが高く評価していた佐渡裕氏をフェスティバルの開幕コンサートの指揮者にはじめて指名し、ジョセフォウィッツさんと組んでもらった。その後の二人の活躍ぶりは、ここに書くまでもない。

クラシック以外のアーティストたちも、音響の良いフェスティバルホールでの公演を熱望した。二〇〇〇年の第四二回フェスティバルでは、ジャズピアニストの山下洋輔氏がバッハの名曲とともに自作のジャズナンバーを披露した。フェスティバルホールでのコンサートを重ねたシンガーソングライターの山下達郎氏は、「日本一のホール」と称え、さだまさし氏は「神さまがプレゼントしたホール」と呼んだ。

美知子さんとその家族は、大事な出演者の方々について、日本文化に親しんでもらおうと、神戸・御影の村山邸と茶室・書院、村山邸に隣接する香雪美術館に度々招いた。家族総出の接待で、美知子さんは「ティー・タイムと呼んでいたわ」と振り返る。父親の長挙さんは羽織・袴で出迎えることが多かった。

バイオリニストのメニューイン氏を招いた際、同氏は「袴の擦れる音が実に素敵だ」「障子の開け閉めの音も素晴らしい」と、長挙さんの周辺から発する「日本の音」にすっかりほれこみ、その夜、彼はたった一人で六〇畳敷きの書院の間に泊まった。翌日の朝食には、焼き魚などの和食をとり、「とてもおいしい」と舌鼓を打ったという。

ピアニストのワイセンベルク氏も大の日本好きで、ご本人の、つまり西洋の家紋を付した羽織と袴を作り、村山邸の書院で記念写真に収まっている。ワイセンベルク氏を招くにあたっては、ドイツ語が堪能な日本画家の東山魁夷さん、英語が堪能な大徳寺龍光院の小堀南嶺住職も同席し、正座して一緒にお茶を楽しみ、大いに盛り上がったという。カラヤン、ストラビンスキーの両氏はいずれも昼食時に招いた。カラヤン氏には、請われるままに香雪美術館の古い美術品も披露し、大変気に入られたという。「カラヤンさんは和食ではなく、洋食のお昼でしたね。きっと、和食は苦手だったんですね」と美知子さんは懐かしそうに話した。

火の中に飛び込むような決断

戦前に「遂げたり神風」のレコード化の際、美知子さんの音楽的才能を高く評価していた作曲家の山田耕筰氏も大阪国際フェスティバルに全面的に協力した。一九六〇年の第三回フェスティバルでは、自らの作品『黒船』を指揮した。やはり美知子さんを高く評価していた作曲家の團伊玖磨氏は、代表作となったオペラ『夕鶴』や『ひかりごけ』などを大阪国際フェスティバルで上演した。山田耕筰氏の遺作となったオペラ『香妃』についても、未完のままだった作品を團氏が引き継いで制作し、一九七一年の第一四回フェスティバルで一部を上演した。

團伊玖磨氏は、大阪国際フェスティバル三〇年を記念した写真集の巻末で、美知子さんと対談している。その一部を以下に再掲する。

團　いよいよフェスティバルが始まるということを噂に聞いて、どんな素晴らしいものが始まるんだろうと。そうしたら本当に世界一流の人が、当時の日本としては考えられない豪華なアーティストや演奏団体が、盛んにやってくるようになった。これは画期的な歴史でしたね。（中略）始めの頃はやはり大変なご苦心でしたでしょう。

村山　はい、もう火の中に飛び込むようなものでしたね。ザルツブルグにも研究にまいりまして、こんなことは日本ではとてもできないと思ったんですけど、やるということになっちゃったものですからね。とにかくなんとかして、いいアーティスト、恥ずかしくないアーティストに来てもらおうと思いまして、それから始めたんですけど、やはり初めはなかなかそういう人たちには信用してもらえませんでした。それで大変苦労しました。

（中略）

村山　とにかく無我夢中で第一回は開いたんですけれど、その時には特に記者会見をやったわけでもなんでもないのに、海外の特派員とか日本の音楽記者とか色々来ましてね。事務所がもうゴチャゴチャになっていたんです。私が東京のお役所と電話をしていますと、別の電話が入る。その横から、「ミス村山、ミス村山」って、立ったままでなんか言い出すんですね。で、その相手になったり、あっちやったり、こっちやったりしているうちに、もう頭がこんがらがりまして（笑）。他の人がかけている電話の上にポンと別の電話の受話器を置いてしまったりして（笑）。もうそれほどカーッとなっちゃいまして。

團　それはそうでしょう。これだけ大きなものを一人で切り盛りしてらしたんですから。もちろんいいスタッフがおられたことは分かりますが。

（中略）

團　三〇年経って、これまでに大阪にやってきた世界一級のアーティストの数は一千を優に超えるでしょ。

村山　さあ、どのくらいになりますか。

團　延べ人員となったら、もう、数万ということになりますね。それだけの人たちをお呼びになったということも意味がありますね。その人たちは、日本というものの印象を得て帰って、自分たちの国にそれを広めたわけですからね。そういう民間外交としての意味もとても大きかったんではないでしょうか。演奏した日にちの総計も、ほぼ一千日に近いわけでしょ。

名文家として知られる音楽評論家の吉田秀和氏も、美知子さんが成し遂げた仕事について、熱いメッセージを寄せている。第三〇回大阪国際フェスティバルのプログラムに収録された一文である。二〇〇八年、私が『永遠の響き　フェスティバルホールの半世紀』編集委員会の事務局長として生前の吉田氏と話した際、「あの一文は私の人生で書いた文章の中で、最も力を込めて書いたものの一つです」と打ち明けていた。その一部を再掲したい。

〈こんなに長い間、この大がかりで困難な事業を続けていくことは、大変だったでしょう。何よりも経済力がなければならない事業ではあるけれど、これはそれに劣らない知的な仕事で、ただ国際的に名の知れた音楽家を呼んでくればいいというものではないのだから、どうしても招聘者の方にも深い音楽的な経験に基づく判断力と見識に欠けてはできない。それに、計画はしっかりできても、それを実行に移し、最後まで無事に運んでいって、音楽会を終了さすというまでには、言葉に尽くせないような、沢山の難しい障害をひとつひとつ解決し、乗り越えていかなければならない。私はかつて、ほぼ一〇年間、友人の音楽家と一緒に、国際現代音楽祭というものをやった経験があるので（比較にならぬ、小規模な事業ではあったけれど）その間の問題については、身にしみて分かるのです〉

〈もしかしたら、このフェスティバルの主催者も、時には『なんでこんな苦労をしなければならないのか？』と考え込んだことがあったかも知れない。それというのも、こういう仕事は主催者が自分一個の利益とか名誉とかを考えてやったのだったら、一回二回はできるかも知れないが、決して長続きするものではないからです。誰に頼まれたわけでも命令されたわけでもなく、ただ、自分で好きで勝手に始めた事業。そうして私利私慾とは正反対に損をするに決まっている事業。そういうものを長年続けた。日本には、こういうことをする人が少なすぎる。私は自分の商売が音楽に関係するから言うのではなく、こういう人に、満幅の敬意を表します〉

この後、吉田氏は自身が大阪国際フェスティバルで出会った内外の音楽家たち、その演奏に魅了された経験を、汲めども尽きない泉のように書きつづける。そして、こう締めくくっている。

〈（これまで書いてきたことは）いかに私が、このフェスティバルとフェスティバルホールで良い音楽をたくさん聴く機会に恵まれたかという証明にほかならない。このホールが出来、フェスティバルが始まった時は、今からは想像もできない話だが、東京にはまだホールらしいホールはなかった。上野の文化会館もＮＨＫホールもなかったのである。私たち東京勢が、このホールに初めて来た時、どんなに羨ましく思い、大阪の底力にいまさらながら感心したことか。あれはもしかしたら、底力というより、大阪人の根性、意地というものかも知れない。いや、そんな狭い料簡ではなくて、『その頃はろくなホールひとつない日本に、ホールをつくり、フェスティバルをやり、大いにみんなで楽しもうではないか、その場所と機会を私たちがつくります』ということだったかも知れない。それが、今や、日本中、誰かに言わせれば、『急行のとまる駅のあるまちには、文化会館、文化ホールのないところはない』というまでになった。何という違いだろう。

だが、本当に、私たちの国は、文化的にも豊かになり、音楽をおちついて心から楽しめるようになったのだろうか。大阪国際フェスティバルに、その仕事まで押し付ける気は毛頭ないけれど、『せっかくこれまで頑張ってきたのです。今後も大いにやって下さい』と、私としては、声をかけたい〉

二〇一二年五月、吉田秀和氏は九八歳で亡くなった。美知子さんから「私の代わりに出てほしい」と依頼され、私は茨城県水戸市の水戸芸術館で催された吉田氏の音楽葬に出席した。

美貌なれ昭和

私は、美知子さんが大阪国際フェスティバル協会の専務理事として最も輝いていた時代について尋ねるため、元同協会職員の福島満さんに何度か会った。福島さんは大阪府立泉陽高校の合唱部にいたころからフェスティバルホールに出入りしていて、一九九〇年、関西大学を卒業と同時に大阪国際フェスティバル協会の職員になっていた。

「一言でいえば、村山専務はいつも颯爽としていて、かっこよかった。そして、素晴らしく耳がよかった。そのことが強い印象として残っています」

「村山専務が怒った姿はあまり見ませんでした。でも、招聘したアーティストへの配慮が行き届いていないと村山専務が認識された時は怖かった。厳しく叱られました」

フェスティバル協会の元職員たちはいまも、美知子さんのことを「村山専務」と尊敬の念を込めて呼んでいる。

福島さんは当時、同業のヤマハの音楽事務所の人から「大阪国際フェスティバル協会が招聘するソリスト（単独演奏者）は、芸術性の高いソリストが多い」との話を聞いていた。いまや日本で最大手のクラシック音楽のプロモーターとなった梶本音楽事務所（現在はＫＡＪＩＭＯＴＯに社名変更）を、一九五一年に大阪の曾根崎新地で創業した同社の梶本尚靖社長（故人）も、美知子さんの音楽家を見定める眼力に一目置いていた。

同社の幹部が「うちは弱小なので冒険ができない。だから、大阪国際フェスティバル協会が招いたアーティストに目をつけておき、その翌年などにうちが呼んだ。そうすれば、失敗がなかった。村山専務が招いたソリストはまず間違いがなかった」と話していたという。

福島さんは、誇らしげにこう振り返っていた。

「将来伸びるアーティストを見極めて若いうちに安いギャラで呼ぶ。当時、そんなことができたのは村山専務だけだったと思います」

梶本氏は著書『音と人と　回想の五十年』（中央公論事業出版）の中で、こう述べている。

「（私は＝筆者注）一九五七年（昭和三十二年）から大阪国際フェスティバル協会の嘱託として、同フェスティバルのオープニングからお手伝いさせていただいた。（中略）運営面は村山未知専務理事が実にてきぱきと前向き、かつ精力的に仕事をすすめられ、またスタッフ一同も、その目的実現のために、団結していた。（中略）村山専務理事のリードのもと、私も事務局の一員として、関響（関西交響楽団、現大阪フィルハーモニー交響楽団＝筆者注）の野口幸助氏とともに仕事をすることになり、大きな刺激を受けた。ここで、国際舞台へのステップの勉強が出来たといっても過言ではない」

私は、大阪国際フェスティバル協会の元職員の山本勝夫さんにも何度か会った。山本さんが協会の職員になったのは一九六七年（昭和四二年）なので、福島さんのかなり先輩にあたる。飾らない人柄で、美知子さんの厚い信頼を受けつづけていた。その山本さんが、ちょっといたずらっぽい笑顔を見せながら、美知子さんが大阪国際フェスティバル協会専務理事だった時代の「恋話」を披露してくれた。

「村山専務のすぐ近くでお仕えしたわけですから、お気持ちは、それはわかりますよ。好きな人ができると、フェスティバルのコンサートのチケットを密かにプレゼントされて、コンサートの後、お食事に誘われるんです。男性のほうも、それは楽しそうに応じられます。でも、そこまででしたね。専務はご自分のお立場を十分に心得ておられましたから、その男性の方を愛おしそうに見守るだけのことが多かったですね。問題のありそうな人物の時には、私のほうから『専務、あの男はダメですよ』と申し上げたこともありました」

大阪国際フェスティバル協会専務理事時代の美知子さんを支えた、もう一人の人物がいる。二〇一四年に九三歳で亡くなった古澤弘太郎氏である。古澤氏は旧日本海軍の経理学校を卒業し、一九四五年三月に戦艦大和の最後の特攻出撃の直前に経理学校の同期生らと一緒に乗艦したという経歴がある。当時、古澤氏は二三歳。「決死の覚悟だった」という。だが、艦長から「日本の将来に備えよ」との訓示を受け、全員で艦をおりたのだという。戦後は、厚生省（現・厚生労働省）の復員局に勤め、占領米軍の通訳などをしていたが、公職追放中の村山長挙さんが創業した「玉泉貿易」に就職し、その仕事を通じて、長挙さん、於藤さん夫妻の信頼を得た。

追放解除による長挙さんの朝日新聞社復帰に合わせて、古澤氏は於藤さんが社長を務めていた朝日ビルディング社に移った。同社管理課長になり、完成したフェスティバルホールの運営などで美知子さんを助けた。同ホールのこけら落としコンサートの際、古澤氏は祝賀パーティーの会場に敷き詰めた赤絨毯(じゅうたん)が汚れないように出席者分のスリッパを用意した、というエピソードが残っている。せっかくのスリッパだったが、招待された外国の賓客らは誰も履き替えなかった。つまり、外国でのパーティーと同様に、何の違和感もなく、和やかに始まったのだという。

古澤氏はその後、フェスティバルホール支配人などを務めた。英語が堪能で、美知子さんがフェスティバルの出演交渉などのために欧州などへ出張する際には、欠かさず同行した。フランスのホテルで、得意な英語が通じなかったり、道に迷って目的地にたどり着けなかったり。珍道中の思い出話を、私は双方から聞いている。古澤氏は晩年、美知子さんが所有していた朝日新聞社の株式の譲渡問題、それに続く養子問題をめぐり、文字通り命を削って取り組み、大きな役割を果たすのだが、そのことは後ほど、詳しく書くことにする。

美知子さんの従姉弟で、大阪で各種の食塩の製造販売会社を経営する小林(おばやし)正世さんは、大阪国際フェスティバル協会を率いて活躍していたころの美知子さんを、こう振り返る。

「お姉さん（美知子さんのこと）は、大阪国際フェスティバルの『花』でしたね。とくにフェスティバルの初日、お姉さんがホール中央のボックス席に座ると、周囲からため息が漏れるほどでした。背がすらりと高く、和装も洋装も似合っていて、艶(あで)やかな美しさは別格でした。まばゆい光を感じました」

朝日新聞社の大阪本社代表室員の時代に美知子さんと親しくなった元朝日新聞記者、丸山長平氏は、美知子さんにこう話しかけたことがある。

「社主。あなたが朝日新聞社の社主でなければ、間違いなく文化勲章をもらっています。日本の音楽界ではそれくらいの大きな功績があるのに、社主であるばっかりに評価されず、損をされています」

美知子さんはにっこり笑うばかりで、何も答えなかったという。

美知子さんはフランス、オランダ、旧西ドイツ、オーストリア、スペインの各国政府からの勲章は受けている。とりわけ、フランス政府からはレジオン・ドヌール・オフィシエ（勲四等）、レジオン・ドヌール・シュバリエ（勲五等）、デ・ザール・エ・デ・レトル（芸術・文化勲章）の三つの勲章を受けた。大阪国際フェスティバルを通して文化に多大な貢献をしたことが評価されたのだ。

しかし、日本政府からの勲章はない。おそらく、村山家と朝日新聞社が経営権などをめぐって激しく対立した「村山騒動」の影響で、朝日新聞関係者も含めて、どこからも推薦の動きがなかったのだろう。「社主であったばかりに正当に評価されていない」という丸山長平氏の指摘に私も同意する。とはいえ、美知子さんは「栄誉」にこだわる人ではなかったと思う。美知子さんが「私はフェスティバルの裏方を務めただけです」と述懐するのを、私は何度も聞いている。

前章で取り上げた深田祐介著『美貌なれ昭和』の「エピローグ」に、こうある。

〈昭和五八年四月、フランス政府は、朝日新聞社主の村山美知子が、二十五年にわたって、大阪国際フェスティバルを主催し、ヨーロッパの一流音楽を紹介してきた功績をたたえて、二度目のレジョン・ドヌール勲章を贈った。

「戦前の朝日は、クライスラーやハイフェッツを招待して、全国で音楽会を開きましたでしょう。あの文化活動の伝統を少しでも継いでゆければ、とおもったんですよね」

最後の「深窓の令嬢」といった面影の美知子は語る。

昭和十年から十二年にかけての、あの熱狂的な文化の時代をだれかがきちんと継承しなかったら、日本は、吉川英治のいう「美貌」なき国家になってしまうのではないか。昭和の時代は「美貌」なき時代になってしまうのではないか。「さくらの日本」に縁なき「精悍殺伐な顔つき」の軍人とそして勘定高い商人ばかりがあふれる時代に堕してしまうのではないか〉

私は、深田氏に同感する。美知子さんが生涯をかけて取り組んだ「大阪国際フェスティバル」には、朝日新聞社と村山家が戦前に築いた「文化の栄光」の時代の残り香を見ることができるように思う。

第五章　果断の人・村山龍平

官憲の圧力

この章からは、村山美知子社主が背負いつづけた「重い荷物」、つまり村山家と朝日新聞社の「確執の歴史」を書かなければならない。その前段として、美知子社主の祖父の村山龍平翁の人生を振り返る。

前章までで何度も触れている『村山龍平傳』や、朝日新聞社の社史などを参考に書き進めていく。この章に美知子社主は出てこない。しかし、「村山美知子物語」の後半を理解するための、補助線の役割を果たすはずである。

村山龍平翁は第一章でも触れたように、幕末の一八五〇年（嘉永三年）四月三日（旧暦）、紀州藩の支藩である田丸藩（現在の三重県玉城町）の藩士の家に生まれた。若いころは、近所でも悪評高い、腕白だったようだ。しかし、一八六三年（文久三年）、一三歳の時に母が重病になったのを機に、その看病を通じて粗暴な行状が影をひそめ、沈着冷静な人物になったと言われている。幕末の混乱期、龍平翁は仲間の藩士とともに洋式の砲術を習得する一方、剣道にも熱心に取り組み、柳剛流の秘技をきわめたとされている。

明治維新の後、版籍奉還をめぐる紀州藩の政争に巻き込まれた父・守雄氏は、士族制度が完全に廃止される前に、士族の身分も俸禄も捨てることを決意した。若き龍平翁も父に賛成し、一家を挙げて故郷を離れた。現在の伊勢市にしばらく滞在した後、一八七一年（明治四年）に商都・大阪へ出た。この年の暮れ、龍平翁は父から家督を相続し、翌一八七二年（明治五年）一一月、小売雑貨店「田丸屋」を大阪で開業した。西洋からの輸入品を中心に販売する店で、龍平翁は努力と創意工夫で、貿易商として飛躍していく。

そんな折、仕事仲間の息子が新聞社の創業を提案してきた。当初、龍平翁は朝鮮貿易に力を入れていて、新聞社経営には消極的だったようだが、仕事仲間の説得に押し切られる形で、大阪府に提出する「発行願書」の社長欄に署名した。こんな経緯で「朝日新聞」は創刊された。第一号の新聞が印刷されたのは一八七九年（明治一二年）一月二五日。いまも、この日は朝日新聞社の創刊記念日となっている。創刊号は約三〇〇〇部が無料で配られた。

創業当時の朝日新聞社は、「社長欄」に龍平翁の名前はあったものの、実際の経営者は仕事仲間の息子だった。しかし、間もなく経営が行き詰まり、仕事仲間の息子は経営から手を引くため、龍平翁に経営権のすべてを譲りたいと提案した。龍平翁は熟慮し、信頼する友人たちにも相談のうえ、新聞社の経営に専念することを決断した。龍平翁が朝日新聞の所有権の一切の譲渡を受けたのは一八八一年（明治一四年）一月。この時から、共同経営者となる上野理一氏も会計責任者として加わった。

新聞経営者としての龍平翁は果断だった。

当時、新聞の世界は、政治を論じる「大新聞（おおしんぶん）」と、社会・風俗を扱う「小新聞（こしんぶん）」とに分かれていた。朝日新聞は「小新聞」として出発したが、国会開設、大日本帝国憲法の発布など世の中の動きを見据え、時流にも乗る形で、政治問題も扱うようになる。「大新聞の要素を取り入れた小新聞」、つまりは「中新聞」へと脱皮した。ちなみに読売新聞は「小新聞」、毎日新聞のルーツの一つの東京日日新聞は「大新聞」から出発している。

さて、龍平翁は先頭に立って紙面改革を重ねる一方、特派員や電報などを活用した速報体制の強化、仮名付き活字の開発、高速印刷機の導入、販売店網の拡大、社内外からの人材の登用などを矢継ぎ早に実行した。大阪での足場を固めると、一八八八年（明治二一年）七月、東京朝日新聞を創刊する。このとき、龍平翁は大阪朝日新聞の経営は上野理一氏に任せ、東京に居を移して、東京朝日新聞の編集長として獅子奮迅の活躍を見せた。その後、日清戦争（一八九四〜九五年）、日露戦争（一九〇四年〜〇五年）などの報道を通じて飛躍的に読者を増やした。朝日新聞は販売部数、紙面の影響力のいずれにおいても、全国トップクラスの新聞社になっていった。

大阪の零細経営の「小新聞」から出発した朝日新聞が、全国屈指の新聞に発展していく過程では、様々なハードルを乗り越えなければならなかった。とくに官憲との関係では、紙面内容が過激だとして、何度も発行停止命令を受けている。

最初の発行停止命令は一八八一年（明治一四年）一月、龍平翁が朝日新聞の経営を実質的に引き継いだ直後のことだった。

前年に掲載した「平仮名国会論」というタイトルの連載記事が問題視された。国会の必要性を分かりやすく論じた内容だったのだが、小新聞が政治問題を扱ったこと自体が指弾された。しかし、龍平翁はひるまなかった。三週間という長い発行停止期間が過ぎると、白地に赤字で「朝日新聞解停（発行停止が解除）」と大書した横断幕を先頭に、赤い法被姿の社員や販売の店員ら三〇～四〇人が大阪市内を練り歩き、再発行を宣伝した。『村山龍平傳』には「長い新聞の旅路から振りかえつてみると、転禍為福の事件であつた」とある。

朝日新聞　最大の危機

この年、つまり一八八一年一〇月、明治天皇が国会開設の勅諭を出した。「一〇年後に国会を開設し、欽定憲法を定める」と公式に表明したのである。

朝日新聞は、勅諭の内容を東京発の電報によって速報して世評を高めたのだが、翌一一月に創業以来二度目の発行停止処分を受けた。処分の理由は不明で、『村山龍平傳』も「大隈（重信）参議らの下野から政府が極度に神経過敏となり、枯尾花を幽霊と、正体を見そこなつたと解する外はなかつた」と書くのみだ。「大隈参議らの下野」とあるのは、いわゆる

「明治一四年の政変」を指している。国会の早期開設などを主張していた急進派の大隈重信らが政府から追放される事件が起きていた。

一八八九年（明治二二年）二月、大日本帝国憲法が発布されると、朝日新聞は憲法と皇室典範の全文を大阪でも即日報道し、世間を驚かせた。

長文の原稿を小分けし、すべてを電報で送信した。この年一〇月、朝日新聞社は一週間の発行停止処分を受けた。当時、東京朝日新聞が出していた「東京公論」という日刊紙で、政府に復帰していた大隈重信外務卿（外務大臣）の条約改正交渉を批判する論陣を張ったためだった。さらに二年後の一八九一年（明治二四年）八月には東京朝日新聞が「内務大臣に忠告す」と題した政府批判の社説を書き、一週間の発行停止処分を受けた。処分の度に新聞を発行できなくなるので、新聞経営にとっては大きな痛手である。しかし、龍平翁は常に毅然として対処し、度重なる処分をものともしなかったという。

東京進出を機に、朝日新聞社は「報道第一主義」を掲げ、以後、「公平中立な新聞」を目指すと度々表明した。龍平翁自身は熱心な天皇主義者だったようだが、池辺三山、鳥居素川、杉村楚人冠、吉野作造、柳田國男らリベラルな論客を、主筆や社説執筆などに積極的に登用した。「権力（政府）を批判する立場が新聞には欠かせない」という考え方を、経験によって身につけていたのだと思われる。

龍平翁は、東京朝日新聞の創刊時に編集長として腕をふるった後は、編集部門に送り込んだ人材に紙面作りを委ね、口を挟むことをひかえるようになった。経営（株主）と編集が分離され、両者が良好な関係を保ちながら社の難局に立ち向かう体制ができていった。『村山龍平傳』には、龍平翁の新聞経営者としての確固たる姿勢が、尊敬の念をもって描かれている。

しかし、朝日新聞は一九一八年（大正七年）、最大の危機を迎える。世に言う「白虹（はっこう）事件」である。この事件だけは詳しく振り返っておきたい。

当時、大正デモクラシーの高まりを背景に、各新聞は激しい政府批判を重ねていた。事件の直接のきっかけになったのは、一九一八年八月に元帥・陸軍大将の寺内正毅首相が率いる内閣が強行したシベリア出兵と米騒動をめぐる報道禁止措置だった。

シベリア出兵は、前年にロシアで起きた共産主義革命に干渉するため、日本が米国などとともにシベリアへ軍隊を送り込んだ問題で、膨大な出費と多数の戦死者を出すことになる。米騒動は、当時の激しいインフレで米価が高騰する中、富山県で困窮した主婦らが米屋を襲った事件で、暴動は各地に広がっていった。政府の「報道禁止措置」に対し、各新聞社は「報道の自由」を掲げて強く反発。とりわけ大阪朝日新聞は強硬な論調で、寺内内閣に退陣を迫った。八月二五日、関西の各新聞社が協力して、「言論擁護・内閣弾劾近畿記者大会」を大阪市の中之島公会堂で開催した。集会を取材した大阪朝日新聞の社会部の大西利夫記者が、集会後の各社の代表者たちの会食の様子についてこんな一文を書いた。

「金甌無欠（きんおうむけつ）の誇りを持った我大日本帝国は今や恐ろしい最後の裁判（さばき）の日に近づいているのではなかろうか、『白虹日を貫けり』と昔の人が呟いた不吉な兆（しらせ）が黙々として肉叉（フォーク）を動かしている人々の頭に電のように閃く」

「白虹日を貫けり」という言葉は、中国の伝説で「白虹が太陽を貫くように見えるのは、その国にとって兵乱の兆し」という意味で使われていた。新聞社の動向を監視していた内務省と大阪府警は、すぐに動いた。記事内容が新聞紙法に違反するとして、大阪朝日新聞の八月二六日付夕刊を「発売禁止処分」にするとともに、執筆した大西記者らを大阪区裁判所に告発した。

九月二五日に開かれた初公判で、検察側は新聞紙法の第四十一条「安寧秩序ヲ紊シ又ハ風俗ヲ害スル事項」と第四十二条「皇室ノ尊厳ヲ冒瀆シ政体ヲ変改シ又ハ朝憲ヲ紊乱セムトスルノ事項」を適用するとして、さらに第四十三条も適用して、新聞紙の「発行禁止」を求める方針を明らかにした。同条で規定した「発行禁止」は、その新聞を「廃刊」させることを意味しており、事態は深刻だった。

初公判の三日後の九月二八日午後、食事を済ませた龍平翁は人力車で会社に戻る途中、中之島公園で待ち構えていた数人の暴漢に襲われた。人力車を倒され、殴られたうえ、石灯籠に縛りつけられ、「代天誅国賊」と書いた布切れを首に巻かれて、置き去りにされた。

龍平翁は救出され、元気に歩いて会社に戻り、「なに、たいしたことはありません。少々引っ掻き傷をつくられましたが、鍛えた体ですから、別に影響はありません」と気丈夫にも明るい声で話したという。

犯人はすぐ捕まった。右翼団体「黒龍会」の青年たちだった。

当初、朝日新聞社も龍平翁も、記事は社会の安寧秩序を乱すものではないとして、裁判で「無罪」を主張する方針だった。しかし、この仕組まれたような言論弾圧に対して、新聞各社は抗議する姿勢を見せず、報道も控えた。それどころか、毎日新聞などの販売店は「ライバル紙を叩く好機」と捉え、朝日読者を狙い撃ちして購読者の拡張に務めたという。

「個人経営」の新聞社

「記事は皇室に対する不敬にあたるのではないか」という世論が高まる中、朝日新聞社は結局、全面屈服する道を選んだ。前掲の『村山龍平傳』によると、社内は徹底抗戦を主張する鳥居素川編集局長のグループと、同編集局長に反対するグループに二分され、激しい議論が繰り返されたが、最後は村山龍平翁が自ら責任を取る形で、決断したという。

大阪朝日新聞は一〇月一五日付の朝刊紙面で「村山社長更迭(こうてつ)　後任社長に上野理一氏が就任」という内容の社告を掲載した。上野氏の体調は万全ではなかったが、会社の難局を収拾するため社長を引き受けた。翌一六日付の朝刊では「鳥居（素川）編集局長の退社」を知らせる社告を掲載。結局、大阪朝日、東京朝日の両社で計五〇人を超す幹部社員が退社した。大阪朝日新聞の社説、論説、コラムを書いていた記者は一人も残らなかった。

一二月一日、大阪朝日新聞は朝刊一面のトップで長文の社説を掲載し、事件について全面的に非を認めた。「我社既に自ら其の過(あやまち)を知る、豈之(あに)を改むるに憚(はばか)らんや」として、反省し、悔い改めることを表明した。

この社説の三日後の一二月四日、大阪区裁判所は編集・発行人の山口信雄、記事を執筆した大西利夫記者に禁固二ヵ月の実刑判決を出した。二人は控訴せず、服役した。恐れていた朝日新聞への「発行禁止」の宣告はなかった。朝日新聞社の幹部と親しかった林市蔵・大阪府知事が密かに検察側幹部に会い、「弾圧の結果は決してよいものではない。朝日新聞は十分に反省している」と説得し、検察側幹部も受け入れたとみられる。就任直後の上野社長が原敬首相に会って「二度と過失を繰り返さない」と言明し、事態は決着した。

今西光男氏が二〇〇七年に著した『新聞　資本と経営の昭和史　朝日新聞筆政・緒方竹虎の苦悩』は、朝日新聞の全面屈服の背景には、会社創業期に受けた政府の秘密資金問題もあったと指摘している。村山龍平翁が朝日新聞の経営に専念することを決断した翌年の一八八二年、朝日新聞は極秘裏に政府の機密費から計二万五〇〇〇円の資金援助を受けていたというのだ。

これを斡旋したのは、当時の大蔵卿（蔵相）松方正義と大阪財界の有力者だった五代友厚だったと考えられる、とも書いている。この援助金は中立的で健全な新聞を育成する目的で支出され、一二年後の一八九四年（明治二七年）には返済されたと推定されている。しかし、この問題が肝心な時に朝日新聞の足かせになっていた可能性がある。

「白虹事件」で引責辞任した龍平翁は、辞任の翌年の一九一九年（大正八年）七月末、新たに株式会社に改組された朝日新聞社の社長に復帰する。社長を退いた上野理一氏は同年末に急逝した。復帰後の村山社長は、事件で疲弊した体制の立て直しに奮闘する。社内では事件の責任問題がくすぶり、資本（株主）と経営、編集の関係をめぐる議論が渦巻いていた。

ここで朝日新聞の組織と株式構成の変遷について書く。

一八八一年（明治一四年）、龍平翁が仕事仲間から朝日新聞の所有権を譲渡された時点で、資本金にあたる出資金は三万円。この時から経営陣に新たに加わった上野理一氏と共同出資だった。当初は個人経営の形だったが、一八九五年（明治二八年）に合名会社（村山合名大阪朝日新聞会社）、一九〇八年（明治四一年）に合資会社（朝日新聞合資会社）になる。いずれの時点でも実質的な出資者は村山龍平、上野理一両氏のみで、出資比率は二：一、つまり全出資額の三分の二を龍平翁が、残り三分の一を上野理一氏が出資するという資本構成だった。

一九一九年（大正八年）、白虹事件後の体制刷新で株式会社に改組された際には、二〇人余りの幹部社員が新たに株式を持ち、あわせて一二パーセントの株主グループとなった。しかし、村山家（龍平翁と長女の於藤さん）が全体の約五八パーセント、上野家（上野理一氏と長男の精一氏）が三〇パーセントを占め、村山家と上野家の出資比率は二：一のままで、村山家の圧倒的な優位は変わらなかった。

体制刷新後の編集局幹部はこの点を憂慮し、社会的公器となった新聞社が「個人経営」状態のままであることの弊害を指摘する事態になった。社長に復帰した龍平翁は、この幹部を更迭したが、議論の火種は残り続けた。

新元号「大正」をスクープ

一九一九年（大正八年）一〇月、龍平翁は旧岸和田藩主の岡部家の三男、長挙さんを養子に迎え、一人娘の於藤さんと結婚させた。『村山龍平傳』の年譜欄には「子爵岡部長職の三男長挙を養嗣子とし、長女藤子（於藤）に配す」と記されている。翌一九二〇年六月、長挙さんを大阪朝日新聞に入社させると同時に、取締役に抜擢（ばってき）し、新設した社長直属の計画委員会と調査委員会の委員長に就任させた。社内外の重要課題を研究し、各種事業の主催・後援を担当する部署で、委員には編集局の各部長をあてた。その後、長挙さんに印刷局長、航空部長も兼務させ、朝日新聞社の経営者としての後事を託した。

時代が大正から昭和へ変わるころ、年齢も七〇代半ばを過ぎた龍平翁は、出社する回数が徐々に減り、第一線を退く形になった。第二章で書いたように、神戸・御影の自邸で孫たちと穏やかな晩年を過ごした後、一九三三年（昭和八年）一一月二四日に他界した。

昭和の時代、日本は満州事変、日中戦争、太平洋戦争へと突き進む。軍部が急激に台頭し、日本社会は軍国主義国家、統制国家へと変質していった。軍部、政府、右翼団体などからの言論圧迫が強まる中で、朝日新聞の体制を守るため矢面に立って闘ったのは、村山家を継いだ長挙さんではなく、主筆となっていた緒方竹虎氏だった。

緒方竹虎氏は一九一一年（明治四四年）秋に朝日新聞に入社した。翌一九一二年の代替わりに際して、新元号の「大正」をスクープする。入社一年足らずでの大特ダネで、その敏腕記者ぶりは周囲を驚かせた。その後、論説担当などを歴任し、ロンドンへ留学。一九二二年に帰国すると、東京朝日新聞の整理部長を務め、この年九月に起きた関東大震災後、社の復興に奔走する。龍平翁は、その実績を買って一九二五年（大正一四年）二月、緒方氏を満三七歳で東京朝日新聞の編集局長に抜擢した。以後、緒方氏は二〇年近くにわたり、朝日新聞社の紙面と経営を支えつづけた。しかし、それは村山長挙さんが次代のオーナーとして力を振るい始めた時期と重なっている。この時期の、長挙さんと緒方氏の間の深刻な確執が、戦後の「村山騒動」につながっていくのである。

敗戦時に東京朝日新聞の編集局長だった評論家の細川隆元氏が一九六五年に著した『朝日新聞外史　騒動の内幕』には、こんな記述がある。

〈村山（長挙）と緒方の二人の性格は相性でもなく、また互いに好きな間柄でもなかった。／緒方をしていわしむれば、前社長はエラかったが二代目社長には別に恩にもなっていないし、また朝日新聞は自分で持っているという自信と誇りがあったし、村山には村山で自分が大株主の社長であり、緒方がなんでもかんでも朝日新聞を一人でしょったような態度を外部に向ってするのは、少し出過ぎであるという感じがしてならなかった。私たちは村山、緒方の話の端々や片鱗からよくこんなことを看取していた。／こういうことで緒方、村山の仲が日がたてばたつほど、また村山が社長として成長し、緒方が対外的の名声をはせればはせる

ほど、この心のわだかまりは大きくなっていくばかりだった〉

　戦時体制下、政府の言論統制が強まり、朝日新聞社は経営的にも紙面上も綱渡りの対応を迫られた。その中で、主筆として実質的に朝日新聞社を率いていた緒方竹虎氏は、新聞社への政府統制受け入れとセットにする形で、「資本と経営の分離」を実現しようとした。

　太平洋戦争の開戦の前年、一九四〇年（昭和一五年）七月、第二次近衛文麿内閣が発足した。緒方氏は、この内閣を支持することに決め、朝日新聞の紙面で「近衛政権支持」を打ち出した。リベラル派の学者やジャーナリストが集う「昭和研究会」をブレーンに持つ近衛首相が、軍部の暴走を食い止めることを期待したのだ。

　しかし、実際には内閣発足から二ヵ月後の九月に日独伊三国同盟が調印され、ドイツのヒトラー政権、イタリアのムッソリーニ政権と手を組むことになった。一〇月には全政党が廃止され、大政翼賛会が発足し、国家総動員体制が敷かれた。第二次近衛内閣は、結果的に、一九四一年（昭和一六年）一二月八日の日米開戦へ突き進んだ陸軍大将・東条英機内閣の「露払い」的な役割を担ってしまった。

　第二次近衛内閣下で進んだ「戦時統制経済」への大きなうねりの中で、「昭和研究会」の有力メンバーだった東京朝日新聞の笠（りゅう）信太郎・論説委員らが「日本経済の再編成案」をまとめた。企業の公益重視、資本と経営の分離、産業別の連絡調整・統制などを盛り込み、資本主義の修正という側面があった。緒方竹虎氏は、この「日本経済の再編成案」に沿って新聞社の「自治統制案」づくりを主導した。軍部による「国策新聞社（一社への一元化）案」を拒否するための代替案で、社外株主の禁止、配当制限、公器性の強調などを柱としていた。

この「自治統制案」によって設立された「日本新聞会」が一九四二年（昭和一七年）二月、具体的な「統制規定」を設けた。この規定の中に「新聞は個人企業たるべからず」「大株主の専制支配を封ずること」などの条文が盛り込まれた。

この規定に従うため、朝日新聞社は一九四二年五月、会社運営のルールである定款を改正した。その主要な点は、株主の議決権行使は五パーセントまでとし、さらに株主への配当金も六分（出資額の六パーセント）を上限とした。朝日新聞の株主への配当は、日露戦争から第一次世界大戦への時期には三〇～四〇パーセント、昭和に入っても一〇パーセント以上の高配当が続いていた。それどころか、明治末期には一〇〇パーセントを超える超高配当の時期もあり、村山家の富と栄華の源泉だった。そのことを考えれば、この定款改正により村山家の株主としての権利、権益は大幅に抑制されたと言える。しかし、白虹事件後の株式会社化の際に定款に組み込んでいた「社外株主の禁止」条項が残されたこともあって、村山家の社主・大株主としての立場自体が揺らぐことはなかった。

日米開戦の前年に当たる一九四〇年（昭和一五年）、村山長挙さんは朝日新聞社の社長に就任した。

前任の社長、つまり、もう一つの社主家の上野精一氏は会長に就任した。上野氏は村山龍平社長の死を受けて一九三三年（昭和八年）から社長を務めていたので、村山、上野の両家から交互に社長を出すというルールが守られたのだった。長挙新社長と、資本（社主家）を経営から遠ざけようとしてきた主筆の緒方氏との確執は深く、一九四三年（昭和一八年）、長挙社長は緒方氏の「主筆」の職を解任し、実権のない副社長に棚上げした。翌一九四四年（昭和一九年）七月、緒方氏は退社して政界に転出し小磯国昭内閣の閣僚兼情報局総裁となった。

戦後、緒方氏も長挙社長も、連合国軍最高司令官総司令部（ＧＨＱ）の作成した「戦争協力の言論人」（Ｇ条項）リストに入り、公職追放になった。追放解除の後、緒方氏は自民党の総裁代行になり、政界で重きをなす存在となっていく。そのかたわら、朝日新聞社の戦後の新体制作りにも深く関わり、緒方氏の薫陶を受けた政治部系の幹部社員らが、米軍統治下の戦後の混乱期を乗り切っていった。

一方、長挙さんは追放解除後の一九五一年（昭和二六年）、朝日新聞社の社主、そして会長に復帰した。長挙会長は、戦後の経営を支えた社長ら幹部陣を更迭した後、「社長」のポストは空席にし、編集担当と営業担当の二人の平取締役を抜擢し、重用した。社の経営権を握り、社内では「復辟（ふくへき）」（一度退位した君主が再び位につくこと）と密かに呼ばれていたという。

長挙会長は、戦時中に改正された定款にあった「大株主の議決権制限条項」と「配当制限条項」を削除し、持ち株比率通りの議決権を再び手に入れた。その九年後の一九六〇年（昭和三五年）には社長に返り咲き、もう一つの社主家の上野精一氏を会長に据えて、戦前の体制を完全に復活させた。しかし、やがて「持ち株の力」を背景に物事を進めようとする長挙さんと、ほかの経営幹部との間で、再びのっぴきならない対立が生じた。

それが、次章で述べる「村山騒動」の始まりだった。

さて、村山龍平翁の死後二〇年の一九五三年（昭和二八年）の命日（一一月二四日）に出版された『村山龍平傳』は全一二七二ページの大作である。写真をふんだんに使い、村山龍平翁の生涯と功績を記述した文面を追っていくと、社の先輩たちが龍平翁に抱いていた畏敬の思いが行間からひしひしと伝わってくる。この本を作成する過程で原本となった全五三巻、年譜一巻の『大伝記』が存在していることを知った時は、さらに驚きだった。

朝日新聞社の歴史を通じて、村山龍平翁の重みをあらためて感じた。

第六章　村山騒動

醜を天下にさらす

ここに一冊の本がある。

書名は『「村山問題」私の記録　〝投票総会〟から社長解任まで』（以下、『私の記録』と表示）。全三二六ページ。著者は元朝日新聞社常務取締役、元監査役の増田寿郎氏である。「出版社名」の表示はなく、「むすび」と題された後書きにも「この記録の印刷にあたり、福井希行君に大変お世話になりました。……（昭和五十七年九月記）」とあるだけで、ごく少部数を印刷した私家版とみられる。私がこの本を入手したのは二〇一三年、朝日新聞大阪本社の建て替え、移転に伴う引っ越し作業の時だった。大阪秘書役として大阪本社の社主室の資料などを整理していて、村山社主の机の周辺で見つけた。恐らく、長挙さんらが「敵側の資料」として保管していたものだと思われる。

この本には、朝日新聞社の経営側から見た「村山騒動」の経緯が詳細に描かれている。村山美知子さんの人生に大きな影を落とした出来事であり、しばらくは『私の記録』によって、「村山騒動」の経過を追う。もちろん、この本を見つけ、資料としてお預かりしたことについては、美知子社主の了解を得ている。

最初に書かれている「村山問題発生の背景」は、時間軸に沿って以下の内容が書かれていた。

①一九五四年（昭和二九年）六月一五日、村山夫人が長女村山美知子を朝日イブニングニュース社の社長にするよう当時の信夫韓一郎・朝日新聞社専務に申し入れたが、翌一六日の在京役員会で全員職を賭する決意のもと反対し、実現しなかった。

②一九六三年（昭和三八年）一月、村山良介（村山富美子の夫）が永井大三常務取締役に会い、朝日ホスピテルへの協力を求めたが、永井は反対した。良介は「オープンシステムの病院で、授権資本二〇億円、大阪・東京の各財界からの出資はそれぞれ六億円」と説明。種々議論を重ねた後、同年一一月二九日の役員会で、村山長挙社長は「朝日ホスピテルに朝日新聞社からの出資は仰がない」と表明した。

③一九六三年（昭和三八年）三月二日、上野国立博物館で朝日新聞社主催の「エジプト美術五千年」展の開会式があり、天皇、皇后両陛下がご臨席。当初は予定のなかった村山夫人が突如出席。夫人が急に両陛下に近づこうとした際、（宮内庁の）〇〇係長が制止した。このとき、村山夫人がけがをしたとして、宮内庁の謝罪を要求。この対応をめぐり、村山

夫人が宮内庁側と経営陣に対して「罵詈雑言」を浴びせた（『私の記録』には罵詈雑言の具体的内容が詳細に書かれている）。

④一九六三年（昭和三八年）五月、東京・芝浦に建設を始めた印刷工場について、朝日新聞社の直営とするか、別会社とするかをめぐり、役員会の意見は当初は二つに分かれたが、永井大三、矢島八洲夫両常務をはじめ役員の多くは直営論に傾いた。しかし、村山長挙社長ははじめから別会社案で、村山社長が家族を役員に据えるために分社化を唱えているのではないか、との噂が流れた。

ここまでの事実経過を少し補足すると、「朝日イブニングニュース社」は当時創刊した英字夕刊紙・朝日イブニングニュースの発行会社である。「村山良介」とあるのは美知子さんの妹、富美子さんの夫で、医師だった。富美子さんが米国のボストン大へ留学中、同じ大学に留学していた良介さんと恋仲になり、帰国後の一九五八年（昭和三三年）に結婚していた。良介さんは京都大学医学部麻酔学科に勤務していたが、その傍ら、病院と治療チームを分離する米国流の新しい病院経営のあり方を模索していた。それが朝日ホスピテルであり、後の香雪記念病院である。

「村山夫人」とあるのは、龍平翁の長女、村山於藤さんのことを指す。皇族を招いた朝日新聞社の主催行事でのトラブルへの対応をめぐり、於藤さんが朝日新聞経営陣などを糾弾（きゅうだん）する事態になっていた。永井常務は、村山長挙会長就任の際、営業担当の取締役に抜擢した人物だった。その後、どんな経緯で会長の信任を失ったのか、詳細は不明である。

以上の経過の後、一九六三年（昭和三八年）一一月二九日の役員会、さらに一二月二四日の第八九回株主総会を迎える。ここからは、再び『私の記録』から抜粋、引用する（文章一部改変）。

〈一一月二九日の役員会（取締役会）では、まず永井、矢島の退任の噂が取り上げられ、全役員から意見が表明された。その大多数は、首脳人事が、役員の関知しないところで協議され、それが噂として伝わりながら、極めて実現性の濃い情勢であることを責めたものであった。激しい議論の後、結論は村山社長と上野会長に一任。両代表取締役（当時、代表取締役は両氏のみ）は別室で協議した結果、一二月に任期満了の役員はすべて再選することで意見が一致し、それが直ちに役員会にはかられ、満場一致で決定した。その約一ヵ月後、一二月二四日に株主総会が開催され、投票により永井常務が解任された（正確には再選が取り止められた）〉

『私の記録』は、一二月二四日の株主総会当日の動きについても、著者自身の「日記」を再録するという体裁で、以下のように書いている。

〈午前十一時の総会開会間際になって三十分延期、それは投票の用意をするためだと伝わる。マサカと思っていたことが事実となる。一方永井氏は社長に呼ばれて辞任の意向を問いただされるが、その意思なしと断る。

十一時半総会開く。

大阪本社の五階の仮講堂には社長夫人を最前列に経済部、朝日ビル役員ら計画的に動員された連中とその他の人々で満員。役員改選の議題に入った途端、取締役会一任に異議が出て投票で決めよと発言。これに対し矢島八洲夫氏らが起って「長い伝統を破って、朝日史上初めて投票による理由を聞かせよ」と口火を切り、業務役員陣が交々発言。上野淳一氏も同様に要求する。

この間終始社長夫人と、そのとりまき和田経済部長らまでが、必要なし、議事進行——とわめき総会屋と何ら変りない風情。全く新聞記者として情けない。

結局押し切って投票。（中略）結果は永井氏のみ少数で再選を拒否され、代って万木英一郎が取締役に選ばれる。（中略）

永井氏が一言社長から辞任を求められたことにふれてあいさつ。のけのけ（ぬけぬけ？＝筆者注）と社長も永井氏について送る言葉をのべる。

かゝる結果、（再任された＝筆者注）矢島、横田、安井（桂三郎、取締役）氏は就任を保留すると発言。

社長派のなんと云う暴挙だ。目先きのことに目をうばわれて朝日新聞を思わざる短慮。しかも夜になって村山社主の名で〝暴露的？〟「社員の皆さんへ」との布告を社内にはり出す。影におびえ且つ幻影的でさえある社内の派閥対立を誇大に書き立て、自ら醜を天下にさらす。彼ら読みの浅さ、視野の狭さあきれるばかり。一読全くものが言えない〉

日記を書き残した増田氏は、村山家と敵対関係にあった人物であり、長挙社長とその妻の於藤さん、長挙社長を推す社内の勢力への辛辣な表現が目立っている。こうした文面はこの後も延々と続くが、割愛する。

株の買い取り合戦

永井常務が、取締役会の合意ではなく、株主総会で投票によって解任された。これが「村山騒動」の発端であり、対立の象徴的な場面とされている。

永井常務が解任された臨時株主総会の約一ヵ月後、経営側が大反撃に出た。

一九六四年（昭和三九年）一月二〇日に東京・麻布市兵衛町の村山邸で開かれた取締役会で、広岡知男取締役から「村山社長解任」の動議が出され、全会一致で承認された。同席していた上野精一会長も辞任を申し出て、承認された。

この取締役会までの三日間、つまり一月一七、一八、一九日にも取締役会が開かれている。この連日の取締役会では「言論機関における大株主の株主権行使をめぐる責任と限度」などについて「激論が交わされた」という内容の取締役会議事録が残されているという。

反撃に出た経営側を後押ししたのは、全国各地の新聞販売店主らの動きだった。解任された永井常務は販売担当として、全国の販売店主たちから信望を集めていた。このため、永井常務が解任されたままなら、販売代金の「入金拒否運動」を始めると宣言した。販売店が集めた新聞代金を会社に届けないことを意味し、会社の経営にとって深刻だった。最初は東京の販売店主たちが実行に移し、あっという間に全国に広がったという。さらに、長挙社長が突然発表した編集・論説幹部の更迭人事が総反発を招き、村山家とともに社主の地位にあった上野精一氏が経営側に全面的に同調した。こうして、事態は、長挙社長の解任へと一気に突き進んだ。長挙社長解任を決めた取締役会で、後任の代表取締役には、ひとまず広岡知男氏（西部本社担当）と進藤次郎氏（名古屋本社担当）の二人が選任された。

村山家と経営陣の対立は、これで収まらなかった。村山家側は、取締役会が復帰を決めた五人の取締役について、「復帰無効」「職務停止」を求める仮処分申請を大阪地方裁判所に提出した。これに対し、経営側は、「朝日新聞株式受託委員会」を結成して、社員の持ち株を同委員会に信託してもらい、株主総会での議決権の一括委任を受ける組織を整えた。

一九六四年（昭和三九年）一一月、戦後は全日空の社長になっていた美土路昌一（みどろますいち）氏が古巣の朝日新聞社に戻り、社長に就任した。

美土路社長は「村山問題は当分棚上げし、経営刷新に重点を置く」との方針を表明し、混乱した事態を沈静化しようとした。しかし、村山家側は納得せず、株主総会での累積投票の実施を通告した。累積投票は、株主総会で少数派の株主を保護するため、その議決権を優遇する投票制度で、事前申請によって実施される。以降、一九七九年まで一五年間にわたり、累積投票によって村山家の意向を尊重する取締役が経営陣に一人、常に送り込まれる状態が続いた。

「村山騒動」は、煎じ詰めれば、会社は株主のものなのか、それとも社員のものなのか、という問題に帰着する。もちろん、村山家側は「会社は株主のものである」との立場で、所有株式の数＝力を背景に、株主総会の場で取締役選任、つまりは人事権を行使した。

これに対し、会社側は「新聞社は社会的公器であり、資本と経営は分離し、資本側が経営に口を挟むべきでない」と主張した。ここで言う「経営」は、社員の総意・社員の代表者としての経営陣を意味する。

前章で書いたように、「主筆」だった緒方竹虎氏は戦時中、「国家総動員体制」に乗じる形で、朝日新聞の株主の権利、とりわけ株主総会での議決権行使の範囲を大幅に抑制した。しかし、戦後の日本社会で「国家総動員体制」は消滅し、株主の権利行使は正当なものである限り、認められるようになった。

村山長挙社長と社長を支援する人たちが、株主としての権利を行使したことについて、私には是非を判断できない。大株主が経営に口を出さず、陰から支えるという「美しい関係」はありうる。しかし、当時、村山家と経営陣の間に信頼関係はなかった。そして、どちらの陣営が主導権を握るのか、その帰趨（きすう）を決めるのは、最終的には株式の数である。会社側、村山家側の双方が激しい株の買い取り合戦を進め、株主を自陣に引き込む多数派工作も熾烈（しれつ）をきわめた。その結果、数十年にわたって村山家と経営陣との対立が続いた。

この争いの中で、村山家側は高額を支払って、退職した社員らが持っていた株式を入手しつづけたと言われている。多数派工作のための資金を捻出するため、東京・麻布市兵衛町にあった広大な別邸をホテルオークラに売却し、兵庫・有馬の別荘なども手放した、と言われている。

この間の経緯について、朝日新聞の元パリ特派員で、村山家側の立場に理解を示す秋山康男さんがこう話している。

「村山家が社員に冷たかったわけではないんだ。戦後間もなくの一九五二年（昭和二七年）、村山家は当時の全社員に朝日新聞社の株式を三株ずつ無償で配っている。私は昭和二九年の入社だったので、先輩たちから『二年違いで残念だったね』と言われた記憶が鮮明だ。長挙さんが公職追放解除で会長に復帰したのが昭和二六年だから、その翌年のことだね。村山家は、そうした株も含めて一株五〇〇〇円だったと思うが、とにかく破格の金額で再び株を買い戻していた。エジプト展で村山於藤さんが宮内庁職員に制止されてけがをした時も、私は事実なんだから記事にすべきだと社内で主張した。けがの程度はともかくとしてね。だが、社は何を恐れたのか、記事にしなかったんだ」

秋山康男さんは村山騒動が勃発したとき、特派員としてパリにいた。

ロンドンにいた後藤基夫ヨーロッパ総局長から「すぐロンドンに来い。東京で何があったか説明しろ」と言われ、ロンドンに出向き、「東京の情勢」を説明したという。なぜ、秋山さんが「東京の情勢」に詳しかったのか。それは当時、パリに村山家所有の「パリ日本館」という日仏親善のための会議・展示場を兼ねたホテルがあり、その管理などを手伝っていたためである。

当初、村山家はこのホテルを事務所として使うつもりだった。しかし、古い建物の外観や業態の変更を厳格に規制していたパリ市から許可が下りなかったため、買収時の業態のままホテルとレストランを営み、ロビーの一部を仮の事務所として使用していた。この事務所は、美知子さんが大阪国際フェスティバルへの出演交渉などで欧州出張する際の拠点ともなっていた。

その関係で、秋山康男さんは村山家との接点があった。レストランは「京都」という名前で、すき焼きや天ぷらなどの日本食のメニューを出して繁盛していたが、ホテル全体では赤字が続いていた。

「東京が大変なことになっていて、お金は送ってこない。面倒も見てくれない。で、困り果てた。最終的には帝人の大屋晋三社長が助けてくれて、資金援助などをしてもらうことでなんとか収拾できた」。秋山さんは、こう振り返っていた。

積もり積もった思い

村山騒動の渦の中で、広岡氏を中心とする会社側も、退職社員の持ち株の買い集めなどに奔走した。もう一つの社主家の上野家は、全株式の約一九・五一パーセントにあたる株式を保有していたが、会社側についた。同八・五七パーセントを保有していた村山富美子さん（美知子さんの妹）も、両親と姉と決別して会社側に加勢した。その結果、会社側の株式は村山家側の所有株をわずかに上回った。富美子さんは、会社側が経営権を維持するにあたって決定的な役割を果たしたのである。この時点で、富美子さん以外の村山家側の持ち株は、長挙さん一二・〇三パーセント、於藤さん一一・三二パーセント、美知子さん八・五七パーセントだった。

この経緯は、一九九六年（平成八年）に「村山富美（筆名）編」で出版された『幻の和解案　朝日紛争は終結していない』に詳しく書かれている。

いったんは進むかに見えた村山家と経営陣の和解の動きがご破算になった後の一九六九年（昭和四四年）一二月二五日、定時株主総会に出席した村山富美子さんは、両親（村山長挙さんと於藤さん）と姉の美知子さんが居並ぶのを横目で見ながら、あえて発言の許可を求め、「ただいま（累積投票で）川原さん（義一、取締役）が当選されましたが、辞退していただくわけにはまいりませんでしょうか」と主張した。富美子さんは株主総会の場で、両親と姉に反旗を翻した。総会の後、社長の広岡氏は富美子さん宛てに、こんな文面の手紙を送った。

「総会の際の、あなたの御態度、判断力と実行力、そういったものを拝見致しまして、私は村山龍平翁の血があなたのうちに流れていることを感じました。これは、朝日新聞の歴史の中の大きな出来事であったと思います」

村山富美子さんがなぜ、両親と姉と真っ向から闘う姿勢をとったのか。

前掲の『幻の和解案』にも「父が社長の座を追われたとき、私は米国（私立ボストン大）に留学していて事情が分からなかった。帰国して事態が深刻であることを知った」と書かれているだけである。

あえて推し測れば、幼いころは仲が良かった姉妹でも、姉の美知子さんは村山家の跡取りとして大事にされ、大阪国際フェスティバル協会の専務理事として華々しく活躍していたのに対し、妹の富美子さんにはそうした舞台が与えられていなかった。朝日新聞社の株式の相続にしても、やがて社主となった姉の美知子さんは三六・四六パーセントだったのに対し、富美子さんは八・五七パーセントのままで、格差は歴然となる。人一倍負けん気が強く、とりわけ姉への対抗心を燃やしていた富美子さんは、そのことにどうしても納得がいかなかったのかも知れない。

もちろん、株主総会で富美子さんが経営側に立ったのは、『幻の和解案』に書かれているように、村山家と朝日新聞社の将来を考えての判断だった。けれども、当時の広岡社長が「村山龍平翁の血があなたのうちに流れている」と称賛した行動の背後に、両親と姉への積もり積もった感情があった可能性はあると思う。

この株主総会の後、村山富美子さんの家族と、両親と姉・美知子さんの関係は決定的に悪化し、絶縁状態になった。年末の株主総会を経て翌一九七〇年の年明け、富美子さんは長挙さんに「累積投票をやめない限りは付き合いを断つ」と伝え、その通りに実行した。

この年の三月、於藤さんは富美子さん宛てに「おじいちゃん（長挙さん）の喜寿（七七歳）のお祝いをしたい」と速達を送ったが、富美子さんは「現状ではできないことをご存知のはずです」と、「お断り」の返事を出していた。

会社側は、富美子さんの決断を高く評価し、富美子さんとその家族を厚遇した。一九七七年（昭和五二年）、富美子さんが夫の良介さんと別居した後は、富美子さんを朝日新聞社の関連会社である朝日ビルディング社の相談役に迎え入れ、家族の暮らしを支えた。一家が長く住んだ京都では、朝日新聞京都支局（現・京都総局）の支局長席に富美子さん宅からの専用電話の回線が設けられ、日常的な相談や雨の日のタクシーの手配に至るまで細々とした依頼に、支局長が対応していた。私が京都支局のデスク（次長）をしていた一九九六年当時も、その体制に変わりはなかった。

富美子さんの一人息子、村山恭平さんの処遇についても同様だった。彼が京都の洛星高校から名古屋大学に進学したころ、名古屋本社代表だった木谷忠氏や編集局長の瀬戸口正昭氏らが何くれとなく面倒を見たし、上京の際だけでなく、各地域の担当役員らが食事などに誘った。

一連の「村山騒動」で、美知子さんはどのような役回りを担ったのか。

この章の冒頭でも触れたように、戦後、公職追放から復帰した長挙社長がほかの経営陣と最初にぶつかったのは、美知子さんの処遇をめぐる問題だった。娘の「経営の才」を見込んだ両親は、美知子さんを創設直後の「朝日イブニングニュース社」の社長に据えようとして経営陣の猛反対にあい、断念した。このため、両親は方針を変え、美知子さんに対し、大阪国際フェスティバルの創始、および運営に携わるよう強く勧めたと言われている。

前述した、村山家と美知子さんに好意的な元朝日新聞パリ特派員、秋山康男さんは、こう振り返る。

「美知子さんは英語も堪能だったし、イブニングニュースの社長は十分に務まったと思う。けれども、美知子さんには大阪国際フェスティバルのほうがずっと似合っていたかも知れない」

美知子さんは株主総会に株主として出席し、村山家側の提案に賛成票を投じている。常に両親に寄り添い、二人の心労をつぶさに見ていた。私は、八〇歳を超えた美知子社主が、当時のことを悔しそうに振り返るのを、何度も耳にしている。

「あのとき、母は何も悪くないのに、悪者にされてしまったのよ」

「エジプト展の時は、母が職員に暴力を振るわれ、大けがをしたのよ。それなのに、会社は宮内庁に気を遣うばっかりで、記事に書いてくれなかったんです」

美知子さんは長女らしく、最後まで両親に付き従った。しかし、結論を述べれば、いわゆる「村山騒動」で美知子さんが大きな役割を果たすことはなかったと思う。事実、美知子さんは永井大三氏の解任を決めた株主総会について、「直前まで何も知らされていなかった。両親からの説明もなかった。会場で投票ということになり、戸惑いましたが、妹（富美子さん）から預かっていた委任状の分もあわせて投票しました」と関係者に語っていた。

一連の騒動の時期、美知子さんは産声をあげたばかりの大阪国際フェスティバルの運営にかかりきりになっていた。両親も「世界の音楽家をフェスティバルに招く美知子の活躍」を温かく見守りつづけた。あえて言えば、両親は村山家の健在ぶりを世間に示す「広告塔」の役割を、美知子さんに託したといえるのかも知れない。

長挙さんは社長を解任された翌年の一九六五年（昭和四〇年）一二月、取締役からも退いた。その一ヵ月後の六六年一月、朝日新聞社は「定款に定められた社主への礼遇などを具体化するため」として、社主規定を新たに制定し、村山、上野両社主家に伝えた。社主に対し、会社の主催する行事または儀式典礼の場で会社の代表となることを委嘱することができるとして、社主費などの報酬や便宜を盛り込む一方、編集方針に干渉せず、編集方針や業務を妨げないことなどを規定。「規定に違反する行為」があった場合、規定で定めた礼遇などを停止できるという内容の「付則」もあった。

長挙さんは「社主家たる者の関与なき一方的かつ恣意的内容」と激怒し、「本来の精神と歴史を蹂躙するもの」など、激烈な言葉を連ねた抗議の手紙を、美土路昌一社長あてに送りつけた。上野家も「罰則規定までつくるのは、やりすぎではないか」と強く反発したが、規定の変更はなく、現在に至っている。

長挙さんが怒りに満ちた手紙をしたためていたころ、美知子さんは翌六七年の大阪国際フェスティバルでバイロイト音楽祭の引っ越し公演を実現するために奔走していた。

株式の買い集め工作などで村山家の資金繰りも厳しくなる中、大阪国際フェスティバルを支えてきた村山家からの資金援助が止まった。このため、運営主体の大阪国際フェスティバル協会では、職員への給与支払いが一時的に滞る事態になった。当時、同協会職員だった山本勝夫さんは「給料遅配」に嫌気がさし、同協会を退職したという。山本さんは「村山騒動のツケを協会に持ち込むな、という思いだったんです」と振り返った。しかし、数年後、山本さんは美知子さんに声をかけられ、職員に復帰した。

「やっぱり村山（美知子）専務（理事）のことが忘れられなくて、戻りました。村山専務はそんな人です」と山本さんは話した。

「村山長挙社長解任」のあと、朝日新聞社の経営責任者は、広岡知男代表取締役（一九六四年一月二〇日～八〇年三月二一日）・進藤次郎代表取締役（一九六四年一月二〇日～六八年一二月二六日）、横田武夫・福田勇一郎両代表取締役（一九六四年一月～一〇月）、美土路昌一社長（六四年一一月～六七年七月）、広岡知男社長（六七年七月～七七年一二月）、渡辺誠毅社長（七七年一二月～八四年一二月）と推移した。

広岡体制によって経営が安定したころ、村山家側が反撃に転じる出来事があった。村山於藤さんの信任が厚かった税理士の藤木克尚氏が、会社の経営データを調べ、広岡社長時代の役員報酬について、株主総会で議決された役員の報酬枠を大幅に上回っていたことを突き止めた。

「商法違反は明らか。刑事告訴も辞さない」

藤木氏は会社側に対し、こう厳しく追及した。この問題で、社長から会長になっていた広岡氏は一九八〇年（昭和五五年）、引責辞任に追い込まれた。広岡氏は辞任後も、六年間にわたり、退職慰労金を受け取ることができなかった。その間、窮状を訴え、経営陣を批判する手紙を全社員に送ったこともあった。ちょうど、私が朝日新聞社に入社し、高知支局にいたころだった。「村山騒動」について知識のない、私も含めた若い同僚たちは「あの広岡さんに何があったのか」と一様に驚くのみだった。

税理士の藤木氏は、村山家の顧問弁護士だった津田禎三氏の紹介で、同家に出入りするようになったという。若いころは左派の闘士だったという話を聞いたこともある。

私は村山社主担当の大阪秘書役として、神戸市中央区にある藤木氏の事務所に時々通った。藤木氏は「私は於藤さんに大変かわいがられました。私の結婚式にも来てくれたんです。於藤さんが外国旅行に行った時は、欠かさずお土産を買ってきてくれました。於藤さんは好き嫌いがはっきりしていて、厳しいけれど、情に厚い人で、私は心酔していました。それで、誰よりも村山家のことを考えるようになったんです」と話していた。藤木氏は頑固で理屈っぽいところがあり、私が大阪秘書役を務めていた時期、美知子社主は藤木氏のことを敬遠し、単独で会うことはなかった。藤木氏から面会の申し込みがあって、取り継ぐと、「あの人は話が長いのよ。あなたが同席してくれないなら、会いません」と必ず言われた。

藤木氏は、広岡会長追い落としの際、もう一つの「成果」を会社側から得ていた。毎年の定時株主総会の後、朝日新聞社の全取締役の報酬額などを記した村山美知子さん宛ての「経営報告書」を受け取る約束を勝ち取っていたのである。私が大阪秘書役になって二年後の二

○一四年、「広岡会長退任から三〇年余りを経た」として会社側が経営報告書の送付を止めたところ、藤木氏は猛然と反発した。美知子社主に面会を求めて、会社側の非を訴えたうえ、美知子社主の名であらためて会社側に報告書の送付再開を要求した。会社側が折れる形で、長年の慣行はそのまま続けられることになった。

　私は大阪秘書役として、藤木氏が美知子社主に訴える場面にも立ち会い、会社から届いた経営報告書を藤木税理士に手渡す役目もした。後日、木村伊量（たかかず）社長（当時）に会った際、同社長は「まあ、しょうがないね。これくらいのことは」とつぶやくように話していた。

　藤木氏にしてみれば、広岡問題を機に、朝日新聞社は役員報酬問題などで社主に対し隠しごとはしないと約束したのであり、経営報告書の提供は、その約束の証だ、という立場だったのだと思う。しかし、いまから思えば、村山家の権威を笠に着た強引な行動と呼ばれても仕方がない。

第七章　哀しみを越えて

異様な社葬

村山美知子さんの父、長挙さんは一九六四年（昭和三九年）に社長の座を追われた後、徐々に体調を崩した。一九七一年（昭和四六年）二月に倒れ、東京の虎の門病院に入院した。脳軟化症（脳梗塞）との診断だった。次女の富美子さんが、朝日新聞社への対応問題を機に両親との関係を断絶した一年後のことである。その後、長挙さんは神戸の自宅に移り、自宅や最寄りの病院などでリハビリに専念する日々が続いた。

美知子さんが畏敬の念を込めて「先代」と呼ぶ長挙さんが亡くなったのは一九七七年（昭和五二年）八月七日。享年は満八三歳だった。東京で倒れてから六年余の歳月の大半は、自宅に引きこもる日々だった。

八月二四日、大阪・中之島のフェスティバルホールで社葬が催された。長挙さんと於藤さんの夫妻が心血を注いでつくったホール、そして美知子さんが全力投球してきた大阪国際フェスティバルの会場となってきたホールである。

社葬の喪主は妻の於藤さん、葬儀委員長は渡辺誠毅副社長が務めた。当時、社長は広岡知男氏だった。朝日新聞社葬なので、本来なら広岡社長が葬儀委員長を務める立場だが、そうはならなかった。広岡氏は一九六四年一月の取締役会で「長挙社長退任」の緊急動議を提出した本人だったこともあり、於藤さんら村山家側が猛反対したためといわれている。大阪本社の秘書課員として、この社葬で裏方を務めた栄徳智子さんが、こう振り返った。

「ちょっと異様な社葬でした。社葬の会場に広岡社長の姿がありませんでした。運営面でも村山家と会社の関係がギクシャクして、大変でした」

長挙さんの死から一〇年後、美知子さんは『みゆかり』という名の父の追悼集を私費出版している。発行者は「村山藤子（於藤）、村山美知子」の連名になっていたが、実際には美知子さん一人で監修した。

この追悼集で、美知子さんはこう書く。

「なかなかのパパッ子であったらしい私は（お正月の）羽根つきももちろん大いに楽しんだが、パパに竹と和紙とで一から作ってもらった奴凧を、日曜日に裏の広場でパパに揚げてもらうのが楽しみの一つであった」

「幼稚園、小学校のころも日曜日ごとにパパ、ママに連れられて妹と一緒に宝塚や甲子園の子供パークなどへ出かけるのが楽しみであった」

「東京へ行き、帝国ホテルで泊っていたころ、土曜日の夕食にはダンスが出来るようにホテルの大食堂は真中を広く空けてあり、多くの外国人の老夫婦がダンスを楽しんでいた。父母もそれに混っておどることもあったが、私もまたパパさんにおねだりして、踊りの相手をしてもらった。小さな私を抱きかかえるように、腰をかがめて踊る親子の珍カップルに、周囲の外人達はニコニコと目を細めながら踊っていたらしい」

美知子さんが幼かったころ、長挙さんは会社でどんなことがあっても、娘たちの前では温厚な、優しい父親でありつづけたという。

晩年の美知子さんは、夏の甲子園大会の開会式を欠かさずテレビで見ていた。そして、歴代の社長が行う開会式の挨拶を見るのを一番の楽しみにしていた。私も何度か、美知子さんと一緒に開会式をテレビ観戦した。美知子さんは見終わった後、「やっぱり先代（長挙さんのこと）の挨拶が一番良かった。父は挨拶がとても上手だったのよ」と感想を話すのが常だった。

長挙さんの生前の写真の中で、美知子さんが最も好きだったのは、愛犬のグレイハウンド犬と一緒に写ったものだった。「ヘンドリック・フォン・グルテンブルク」という貴族風の長い名前で、愛称は「ヘンちゃん」。犬好きの長挙さんがドイツの友人から譲ってもらったといい、「ジッツ（お座り）」「ハウゼ（犬小屋へ入れ）」などドイツ語の指示に従うという犬だった。

美知子さんは、「ヘンちゃん」と父親の思い出話を何度も繰り返した。

「魚崎浜の海岸で、父が流されたボールを取りに泳いで沖へ出た際、ヘンちゃんは何を思ったのか、父のところへ懸命に泳いで近づき、父の腕をくわえて、助けながら戻ってきたの。父が溺れたと勘違いしたのね。父もヘンちゃんに付き合ってくれたのよ。浜辺に戻ると、父はヘンちゃんを思いっきり抱きしめてくれたの」

美知子さんは、神戸・御影の自宅で療養生活を続ける父・長挙さんを懸命に介護した。『みゆかり』で美知子さんがつづった「尽きぬ父の思い出」の冒頭の文章には、長挙さんの歩んだ人生への、娘としての深い共感を読み取ることができる。

〈「お父様！　お食事の用意が出来ましたよ、行きましょう」—窓辺に立って、庭を眺めていた父に後ろから声をかけたが返事がない。しばらく間を置いて「ねェ、どうなさったの？」ともう一度いってみた。はじめてふり返り「うん？　サア行こうね」といっただけで一緒にその部屋を出た。何か考えごとがあったのだな、と推察した。その窓の外の眺めは父が常に手を後ろに組んで見とれている、こよなく美しいものだった〉

〈余りにも大きくなった庭の松の木越しに六甲の峰が少し見え、それが不思議にアルプスを見上げるように高く、雄大に迫ってくる。大木越しに、ほんの少し見える故だろうか。四季折々、朝に夕に変化のある美しさに、父によく「美いちゃん、ちょっと見てご覧、きれいだね」と言われたものである〉

〈その日は、自分が村山龍平の跡継ぎとして五十有余年ここに住み、朝日新聞社と、そして村山家のすべての責任を、母と分かち合って負ってきた過去を顧みて、余りにも多くのこと

が心のなかを巡っていたのであろう。そして自分のあとは…とそんなことを考えていたに違いない〉

〈父の晩年は何としても気の毒であった。濁流が押し寄せたようなものであった。真相を知る家族のものにとって、その胸中を深く深く察する余り八十三歳の生涯を静かに閉じた時は本当に淋しく悲しかった〉

しかし、美知子さんには悲しみに浸る時間はなかった。最愛の父の死を乗り越えて、やらなければならないことが山のようにあった。

絶縁と和解

まず、長挙さんの後を継いで朝日新聞社の社主になるという「任務」があった。長挙さんの死から一九日後の八月二六日、朝日新聞社の取締役会の決定を経て、美知子さんは朝日新聞社の社主に就任した。一一月一八日、東京のホテルオークラで盛大な就任披露パーティーが催された。一一月二二日には大阪のホテルプラザでも就任披露パーティーが開かれた。朝日新聞社の社主制度は、敗戦後の一九四五年（昭和二〇年）一一月、戦後の新体制をスタートさせた臨時株主総会で会社の定款に盛り込まれた。創業者の村山龍平翁と上野理一氏の栄誉を保持するため、両家の家督相続者が取締役会の決定を経て就任することになっていた。

定款に盛り込まれた当初は、「日々の社務に関与しないが、社の重大事項について相談し、意見を伺う」と説明されていたが、美知子さんが就任したころには、その後にできた社主規定によって社の行事への出席、挨拶など儀礼的な役割に限られるようになっていた。

一方で、美知子さんは大阪国際フェスティバルを主宰する大阪国際フェスティバル協会の専務理事の仕事を降りるわけにはいかなかった。

このころ、同協会は恒常的な資金難に苦しんでおり、美知子さんは連日、大阪の朝日新聞ビルにあった大阪国際フェスティバル協会の役員室に陣取り、日々の公演の「指揮官」の役割を果たしていた。

この年、一九七七年の一二月、広岡社長が会長に退き、副社長だった渡辺誠毅氏が社長に昇格した。

渡辺氏は社葬の葬儀委員長を務めたことなどを機に、村山家との和解の道を模索しはじめた。村山家側もこれに応え、株主総会での「累積投票」によって村山家側の役員を送り込むことを控えた。村山家と朝日新聞社の敵対関係の象徴だった「累積投票」は、一五年にわたって続いたが、長挙さんが亡くなった二年後の一九七九年を最後に、以後、再開することはなかった。

このころ、村山家では美知子さんの母の於藤さんがまだ健在だった。私は生前の於藤さんに会ったことはないが、於藤さんも美知子さんも渡辺社長の人柄に信頼を寄せたという。私は、美知子さんが渡辺社長について「誠実な人でした」と懐かしく話すのを聞いたことがある。美知子さんは、渡辺社長が相手なら朝日新聞社との関係改善を目指せるのではないか、と期待したのだと思う。

一方、渡辺誠毅社長も、村山家が実質的に運営していた香雪美術館を支援することにし、朝日新聞社から三億円を寄付した。「長挙氏の取締役退任時の退職慰労金も、死亡時の弔慰金も、筋が違うといって、受け取ってもらえなかった。そこで、前々から要請のあった美術館に形を変えて寄付することにした」と渡辺社長は周囲に説明した。この時から毎年、美術館に管理運営費として三六〇〇万円ずつ寄付することもあわせて決めた。苦境にあった大阪国際フェスティバル協会の経営立て直しに協力する方針も決めた。秋山康男氏を同協会の事務局長として出向させ、経営立て直しの具体的な方策を探ることになった。秋山氏はフランスのパリ特派員だった時に、「村山騒動」の余波で「パリ日本館」経営から撤退した仕事の実績を買われ、起用されたとみられる。秋山氏は、英仏の語学力と豊富な人脈を生かして大阪国際フェスティバルの企画にも加わり、美知子さんから厚い信頼を得て、相談相手になった。

長挙さんの死を、もう一人の娘、美知子社主の妹の富美子さんの家族は、どう受け止めていたのか。富美子さんの一人息子の村山恭平さんが振り返る。

「祖父（長挙さん）が東京で倒れたと聞いた時は、小学校の四年生だったと思います。もう夜だったので、家族で夜行列車（寝台急行）『銀河』に乗って上京し、お見舞いに行ったことを覚えています」

一九六九年暮れの株主総会を機に両親と姉との「絶縁」を宣言していた富美子さんだが、その一年余り後の一九七一年二月、長挙さんが倒れた際に「絶縁」宣言を取り消した。その後、神戸・御影の自宅で療養する父親を時々訪ねるようになった。

一九七七年の年明け、長挙さんの病状が悪化し、兵庫県西宮市の香雪記念病院に入院すると、夫で医師の良介さんも頻繁に病院に通うようになった。香雪記念病院は村山家の肝いりでつくられ、朝日新聞社に出資を求めたことが「村山騒動」の一因にもなった。外部の医師を受け入れる体制が取られていたため、良介さんは勤務先の京都大学病院から部下の若い医師たちに声をかけて医療チームを編成し、そのチームで長挙さんの最期を看取ったという。

村山恭平さんは、こう振り返った。

「祖父の死をきっかけに、母（富美子さん）と祖母（於藤さん）、母と伯母（美知子さん）、それぞれの関係が修復に向かったように思います」

ただし、良介さんは香雪記念病院の治療をめぐり、「夫は病院に殺された」と主張する義母の於藤さんに愛想を尽かしたという。於藤さんは夫の死に強いショックを受け、動転していた。良介さんはやがて、富美子さんとも別居して、高知女子大に新設された看護学部の教授になり、その後、東邦大学医学部の教授になった。慢性疼痛医療の専門家として著書も残し、二〇〇五年一〇月に北海道・函館市で亡くなった。富美子さんと別居後、村山家に戻ることはなかった。

良介さんが高知女子大看護学部の教授だった時代、私は朝日新聞社の新入社員として高知支局にいた。支局長だった米倉常裕氏（故人）が後年、私にこんな話を打ち明けた。
「実は良介さんとは飲み友だちで、高知の街をよく一緒に飲み歩いた。彼は親分肌の豪快な人で、ウマが合った。そのことを聞きつけた東京本社の幹部が『良介氏の動向を報告せよ』と言ってきたが、断った。俺たちは会社の奴隷じゃないってことさ」

母のための献身

夫に先立たれた於藤さんは、次第に気力も体力も衰えていった。その関連で、前章で登場した元大阪国際フェスティバル協会職員の山本勝夫さんの「三度目の復職」について書くことにしたい。

山本さんが最初に協会職員になったのは一九六七年（昭和四二年）、第一〇回フェスティバルの時だった。一〇年間ほど勤務したが、「村山騒動」のため給与の遅配が生じ、それに嫌気が差して退職したのは前章に書いた通りである。その後、復職、退職を繰り返していたが、一九八五年（昭和六〇年）に美知子さんの懇請を受けて三度目の復職をした。その少し前、於藤さんが自宅で転倒し、股関節を骨折して、歩けなくなっていた。於藤さんは大阪市内の病院で股関節に金属を埋め込む手術をした。退院後、神戸・御影の自邸でリハビリと療養の日々が始まっていた。

「協会の仕事をしながら、母の面倒を見てほしいの」

美知子さんの「無理なお願い」を、山本さんは断らなかった。

山本さんはフェスティバル協会の仕事のかたわら、ほかの協会メンバーとともにローテーションを組んで村山邸に通い、美知子さんや於藤さんの話し相手を務め、介護のお手伝いもするという役回りだった。御影での「仕事」への相性の問題があったのか、当初のローテーションはすぐに崩れ、山本さんと村山家の執事の男性の二人だけが残ったという。山本さんはぶっきら棒だが、飾らない、誠実な人柄だった。美知子さんが三度目の復職を望んだのもうなずける。美知子さんは山本さんにだけ、心の奥底の本音を話すことが度々あったという。

以下は、そんな山本さんが見た、美知子さんの母親に対する介護の日々である。

当時、於藤さんは村山邸の二階の南西側の一番広い部屋で終日過ごしていた。於藤さんの身の回りの世話をする女性二人が二十四時間態勢で付き添っていたが、美知子さんは、すぐ隣の部屋で寝起きし、朝食も母親の部屋で一緒に食べていた。フェスティバル協会の仕事で外出する時を除き、昼間はほとんどの時間を於藤さんの部屋で過ごし、話し相手になっていた。

「村山専務は、お母さんに飲んでいただく朝の紅茶も、ご自分で淹れておられました。だから、村山専務は紅茶に詳しいんです」

於藤さんにリハビリが必要だとわかると、美知子さんは二階の廊下に体操競技の平行棒のような器具をしつらえて、毎日の「歩行訓練」にも付き添った。介護側の負担を考え、母親にオムツをあてがうことが話し合われた際、美知子さんは「しない」と宣言した。美知子さん自身が於藤さんをベッドから起こして、トイレに連れて行くこともよくあった。階段の上り下りも、山本さんや介護の女性たちの手助けを受けながらだが、於藤さんに自力で歩いてもらうようにしていたという。

於藤さんの体力はさらに衰え、わがままに振る舞うことも多くなった。そんな日々、美知子さんが繰り返し発した言葉が、いまも山本さんの耳に残っている。

「お母様、お願いだから歩いてください」

「ねえ、歩いてください」

美知子さんは母親に何度も頭を下げて頼んでいたという。それでも、於藤さんは「いや」と駄々をこねるように言って、なかなか動こうとしない。美知子さんが「お願い」「お願い」といつまでも懇願しつづけると、最後に於藤さんが「しょうがないわね」といった表情で歩き出す。そんなことが毎日のように繰り返された。

「あのとき、村山専務は本当にすごい人だ、心から尊敬できる人だ、としみじみ思ったのです。村山専務はお嬢様育ちで、作曲も、オーケストラの指揮も、日本舞踊も、水泳も、スキーも、スケートも、なんでもお出来になる人で、何不自由なく生きてこられた方です。それなのに、そんなことは関係なく、ただひたすら母親のために自分を犠牲にして尽くされていました。私だったら、とてもあそこまではできません。村山専務が世界中のアーティストから信頼と尊敬を受けつづけた理由があらためてわかった気がしました。あの熱意と誠実さに、世界のアーティストたちが心服したのです」

山本さんは、深い感慨を込めて、そう話した。

当時、美知子さんは介護の女性たちについても、母親を親身になって世話しているかどうか、母親の信頼を得ているかどうか、常に見きわめようとしていた。仕事ぶりに疑問が浮かべば、事情を話して辞めてもらっていたという。山本さんは「誰が辞めることになるのか、私には納得できました。村山専務は最高の介護をしたいと思い詰めておられた。お側で見ていて、そのお気持ちが痛いほどわかりました」と振り返った。そして、こう続けた。

「私は残念というか、悔しいんです。村山専務がお一人で最晩年を迎えられたとき、いったい誰が、あの村山専務のような献身的な役目を果たしてくれるのでしょうか？　いや、きっと、誰にもできないでしょう」

山本さんからこの言葉を聞いたのは、美知子さんが二〇一五年七月に大阪・北野病院に入院して間もなくのころだった。私は美知子社主を担当する大阪秘書役として、美知子さんのお世話をするのが仕事だった。「最高、最良の介護チームで社主を最後までお支えしよう。社主をがっかりさせ、山本さんを失望させるようなことは絶対にしない」と、私は心の中で密かに誓った。

村山於藤さんが亡くなったのは一九八九年（平成元年）三月二〇日、満九一歳だった。老衰による安らかな最期だった。

山本さんによると、亡くなる前日まで、於藤さんはしっかりしており、食事も普段通りにとっていた。その翌日の明け方、美知子さんがいつものように母親の部屋に入ると熟睡していたといい、そのしばらく後、「お母様の様子がおかしいです」と伝える付き添いの女性の声でもう一度部屋へ行くと、穏やかな表情でこと切れていたのだという。

於藤さんは「村山騒動」の際、会社側から敵視されつづけた。彼女はたしかにお嬢様育ちで、短気でわがままなところがあったのだろうと私も思う。しかし、父の龍平翁から受け継いだ事業家としての才覚は際立っていたという。朝日新聞の各本社や総局が入居する都市部のビルのいくつかは、不動産部門を担当していた当時の於藤さんが土地購入などを決め、他の候補地との間で迷う長挙さんに決断を促したという話を聞いたことがある。於藤さんが長く社長を務めた朝日ビルディング社の古参幹部で、監査役を務めた蚯川明人氏は「於藤さんは、いい意味で女傑でした。彼女だからこそフェスティバルホールと新朝日ビルの同時建設を決断できた。当時不足していた鉄材を確保するため八幡製鉄の幹部らに直談判したというエピソードも残っています。不動産投資なども大胆で、オーナー社長でなければできないと思った場面がたびたびありました」と振り返った。

それらの不動産はいまや、朝日新聞社と関連会社の経営を支える屋台骨の一つとなりつつある。社主家が果たした役割の功罪について、公平な目で考える必要があると、私は思う。

美知子社主は、母親の於藤さんの死後、於藤さんが持っていた朝日新聞社の株式などの財産を相続した。甥の村山恭平さんの記憶によると、この時は朝日新聞社の専務取締役だった木谷忠氏（故人）の尽力により、相続税の負担が軽くなったという。美知子社主は相続によって、朝日新聞社の株式の三六・四六パーセントを所有することになったため、「支配的な同族株主」として朝日新聞社の資産そのものが相続対象となる可能性があった。

しかし、会社の筆頭株主は株式受託委員会であって美知子社主ではない、社主規定によって経営には関与できない、などを理由に「支配的な同族株主ではない」として、美知子社主は「配当還元方式」で計算した相続税を納税した。つまり、所有株式の配当金の一〇年分（過去五年間の平均額の一〇倍）を相続株式の価値とみなしたのである。

朝日新聞社の株式は非上場で、株式の価値の評価は簡単ではない。国税当局は当初、類似の業種の同規模の企業の株価などを参考にする「類似業種比準方式」を適用する方針だったとされる。その場合、「配当還元方式」によって計算された相続税よりもはるかに税負担が重くなる。

なぜ、どんな経緯で「類似業種比準方式」の適用を免れたのか。村山恭平さんは「木谷さんが関係各方面に根回しした結果だと聞いている」と話すが、具体的な経緯までは知らないという。

「あの時期、村山専務（美知子社主のこと）は相続税対策で頭がいっぱいで、大阪国際フェスティバル協会へはあまり姿を見せず、連日、朝日新聞社に通っておられました」と同協会の元職員は言う。一連の相続手続きを終えると、美知子社主は朝日新聞社に感謝し、安堵の表情を見せたという。

長挙さんが一九七七年に亡くなった時には、妻の於藤さんが長挙さんの財産を相続している。この時は、村山家の顧問税理士だった藤木克尚氏が動き、神戸・御影の緑豊かな庭の地目を「宅地」から「山林」に変更することで、節税したと聞いている。それでも、於藤さんは多額の相続税を払いきれずに滞納し、自邸の土地などについて、一時的に大蔵省（当時）から差し押さえを受けていた。

「御影の意向」

於藤さんが亡くなった日、私は大阪本社の社会部員として、たまたま泊まり勤務明けの夕刊当番についていた。

「村山於藤さんが亡くなられた。夕刊に出稿するぞ」

デスクが血相を変えて指示していたように、本当に寝耳に水の話だった。新聞社は、要人の死亡記事は事前に原稿を準備している。いわゆる「死亡予定稿」だ。しかし、於藤さんについては、予定稿の準備はなかった。一から書かなければならず、編集局は蜂の巣をつついたような騒ぎになった。

私はデスクの指示で、記事に必要な「村山於藤氏の経歴と顔写真」を入手するために社内の調査部、総務部、秘書課、写真部、さらに別のビルにある関連会社の朝日ビルディング社などを文字通り、汗みどろになって走り回った。たしか総務部だったと思うが、和紙に墨書きされた分厚いアルバムのような冊子を見つけた。それは於藤さんの履歴帳といった趣で、於藤さんが尋常小学校には通わず、自邸に設けられた学び舎で外部から教師を招いて勉強していた経緯などが、墨筆で詳しく書かれていた。「世の中にはこんな人もいたのか」と驚いた記憶がある。

顔写真についても、社内には於藤さんが四〇代のころのもの、それも胸元が開いたドレス姿の写真しかなかった。締め切り間際になって、朝日ビルディング社が於藤さんの近影を持っていることがわかった。しかし、同社から「御影(みかげ)にお伺いを立てなければ許可できない。いま、神戸に車を走らせているので待ってほしい」と言われた。

「御影」というのは、言うまでもなく村山美知子さんのことだった。万事窮したところで、朝日ビルディング社の鈴木敏男取締役(後の社長)が「私の責任で許可します」と言い、どうにか写真は間に合った。

記事の原稿についても、「御影」から、つまりは美知子さんから次々に注文が来た。まず、「神戸市内の病院で死去」とあるのを「自宅で死去」と直すよう指示された。こちらは「死亡診断書」の通りに書いたのに、なぜクレームがついたのか不満だったが、しぶしぶ従った。社会部では「救急車で運び込まれた病院が、民医連系の病院だったので、社主様が毛嫌いされたらしい」などというまことしやかな憶測が流れ、「あー、イヤだ、イヤだ」と嘆いていた。次いで、自宅の表記について「神戸市東灘区御影町大字郡家小字石在」の「小字石在」部分を削るように、との指示が来た。理由は「自宅が広いので、郡家で十分。小字を書く意味がない」というものだった。

きわめつけは、社会面に出稿した大阪フィルハーモニー交響楽団の常任指揮者、朝比奈隆氏の談話について、「村山家との関係を絶っている人なので使用を認めない」との指示だった。やむなく、於藤さんと親交のあった地元のお医者さんの談話に差し替えたが、さすがに知名度がなく、紙面には掲載されなかった。村山家と深い関わりのある藪内流家元・藪内紹智さん（故人・先代）の談話だけが掲載された。

「村山美知子という人は、おっかない人だ」。これが当時の私の率直な印象だった。しかし、いまから考えれば、取材する側の先入観による誤解も多かった。「神戸市内の病院」は「死亡確認」場所であって、「死亡場所」ではなかった。当時は、主治医が臨終の場に立ち会っていない場合、病院で医師が死亡を確認し、病院を死亡場所として書類を作成することが多く、実態とは合わなかったのだ。

住所の表記についても、「大字郡家」に当てはまる地域のすべてが村山邸だったので、不必要な部分を省くのは合理的な判断だった。朝比奈隆氏の談話が拒否されたのも、当時の村山家と大阪フィルの険悪な関係を考えれば納得できる。なぜ険悪な関係になったのか、当時は様々な噂や憶測が飛び交っていた。

後年、私はそんな噂の真偽について美知子社主に確かめたが、「噂は事実とかけ離れています。当時、大阪フィルの練習風景を見て失望した。それを放置したままの朝比奈さんにも愛想をつかした。それだけのことだったんですよ」とのことだった。

美知子社主と朝比奈氏との関係は、その後、修復されている。朝比奈氏が二〇〇一年一二月に亡くなった際には、美知子さんは同氏と大阪フィルに丁重なお悔やみの言葉を送られ、大阪フィル側も「お受けします」と応えた。大阪フィルハーモニー交響楽団は現在、フェスティバルホールを定期演奏会の会場とし、多くのファンを集めている。

後年、私が大阪秘書役として美知子社主と日常的に接するようになったとき、「お母様の死亡記事の取材」をめぐる経緯を正直に話し、「私たちには社主家への偏見がありました。死亡場所を書き換えるように言われ、事情を知らずに憤慨(ふんがい)していたのです」と謝ったことがある。美知子社主は「そんなこと、忘れているわよ」と笑って聞き流していた。

村山家を管内に抱えていた朝日新聞大阪本社の社員たちは「村山家は常に理不尽な要求を突き付けてくる」という「大前提」「先入観」の下で、仕事をしてきた。この「先入観」は、あるいは「洗脳」という言葉に置き換えることができるかもしれない。

村山於藤さんの葬儀・告別式は、於藤さんが長く社長を務めた朝日ビルディング社のほか、朝日新聞社、朝日エアポートサービス社が費用を分担する合同葬として執り行われた。葬儀会場のフェスティバルホールでは、友人代表として小坂善太郎・元外相のほか、日向方斉・関西経済連合会名誉会長、佐伯勇・近畿日本鉄道名誉会長、伊部恭之助・元住友銀行頭取、弘世現・日本生命保険会長ら関西財界の重鎮らが顔を揃え、約一〇〇〇人が参列した。

美知子社主の曾祖父の村山露園(守雄氏の号)の詞に美知子社主が曲をつけた歌曲「不二

山」も、声楽家・東敦子さんとテレマン室内管弦楽団によって献奏された。

「父・長挙の葬儀と同様に」という美知子社主の希望通り、「神式葬儀の本来の姿」に則った神事の日程が組まれた。帰幽祭、棺前祭、密葬祭、御帳祭から十日祭、二十日祭、三十日祭、四十日祭、五十日祭、大祓式(おおはらえ)、墓前奉告祭まで計一五回の神事が営まれ、関係会社から連日三〜六人の「御霊番」を出して、神戸・御影の村山邸の応接間に詰める態勢がとられた。

第八章　創業家の矜持

こういう時はデーニッシュなのよ

一九九五年（平成七年）一月一七日未明。美知子社主は神戸・御影の自邸二階の寝室で、激しい揺れのために目覚めた。その直後、天井付近で「ドンドーン」という轟音が鳴り響いた。東隣の洋館の暖炉用の煙突が激しい揺れで外れ、美知子社主の寝室の真上あたりの屋根に落下した衝撃音だった。

神戸市周辺に未曾有の被害をもたらした阪神・淡路大震災。美知子社主が暮らす御影地区でも、一〇〇人を超す犠牲者が出た。地震の直後、村山邸では階下の学生部屋で寝ていた夜間警備の学生アルバイト二人が階段を駆け上がり、美知子さんの無事を確かめた。朝日新聞社は東京本社側が、秘書部の松岡郁子さんの提案で、村山邸の近くに住む広告局の鈴置修一郎君に電話し、「村山社主の安否を確認してほしい」と依頼した。

松岡さんも広告局出身で、鈴置君が神戸・御影に住んでいることを思い出したのである。

鈴置君は自宅が家具の倒壊などで大混乱していたが、歩いて五分のところにある村山邸をいち早く訪ねた。揺れもおさまり、一階の応接間で椅子に座ってくつろいでいた美知子社主に会い、「東京本社からの連絡で参りました。ご無事で何よりでした」と挨拶をした。

美知子社主は落ち着いた様子で「揺れはひどかったですが、元気です」と答えたという。鈴置君と何度も書いたが、実は彼とは中学も高校も同じ学校、同じ学年で、会社も同じという間柄だった。震災の朝の美知子さんとの対面場面の印象についてあらためて尋ねると、こう話してくれた。

「うーん、すごい人だったね。あんな状態だったのに、動じることなく、冷静に応対されていたよ」

鈴置君によると、村山邸の西側に南北の幹線道路があり、地震で起きた火災の火の手がこの幹線道路際まで迫っていたという。鈴置君の自宅は木製の本棚や食器棚が壊れ、本も食器も散乱した。「本棚ごと宙に浮き、落下した衝撃で木っ端微塵（こっぱみじん）に壊れた。すごい揺れで、娘の同級生も一人亡くなっている」と振り返っていた。

午後遅くなって、当時は朝日新聞社の大阪秘書役だった岡田安弘氏と大阪フェスティバル協会事務局長だった古澤弘太郎氏が相次いで村山邸に駆けつけた。

岡田氏は朝日新聞社で用意した約二〇人分のお弁当を持参したが、美知子社主は手をつけなかった。間もなく、大阪フェスティバル協会から山本勝夫さんと福島満さんもやってきた。二人は神戸へ向かう途中、美知子社主が定宿としていた大阪・中之島のリーガロイヤルホテルで、食パンとサンドイッチを買い込んだ。

「専務（美知子さんのこと）、リーガロイヤルホテルのパンをお持ちしました」と差し出すと、美知子社主はにっこり笑って、「こういう時は、デーニッシュ（北欧・デンマーク風の甘いパン）なのよ」と話し、それでも、サンドイッチを美味しそうに口に運んだ。食パンは、美知子社主から学生アルバイトたちに直接手渡されたという。

「あんなに大きな揺れの後だったのに、村山（美知子）専務は優雅な佇まいを崩さず、婉然と微笑みながら『こういう時にはデーニッシュなのよ』とおっしゃった。その口調がいまも忘れられません」

福島氏は帰り際、学生アルバイトたちに「パンのことで、社主にありがとうございましたと言いなさい」と伝えた。

周辺を歩くと、村山邸の被害も甚大だった。美知子社主が暮らす鉄筋コンクリート二階建ての生活棟は無事だったが、邸内に建つ「日本館」と呼ばれる三層構造の日本建築の全体が五度ほど傾いていた。明治、大正期の創建で、神戸の異人館街の建物群に匹敵する文化財的価値があった。村山家の賓客を接待するのに使われ、茶会の会場にもなってきた建物だったが、このままでは使い物にならない状態だった。

周囲の人たちは「もう取り壊したほうがいいのでは」と勧め、美知子社主も迷われたという。しかし、最後には「修復」を決断された。「先代、先々代から大事に守ってきた建物を私の代でなくすわけにはいかない」との思いだったと聞いている。

甲南の同窓会誌のインタビュー記事では、こんな話もしている。

「震災の後、美術館の（被害の様子を見ようと）二階に上がったら、祖父（村山龍平翁）の胸像が、台座は転がっているのに、倒れないで立っていた。『しっかりせんか』って言われているような気がして、修復の決心をしました」

修復作業のため、京都から連日、宮大工の職人たちが通ってきた。大型クレーンでまず最上層の屋根部分を釣り上げた後、建物のバランスを考えながら、一日にほんのわずかずつ、傾きを修正していく。気が遠くなるような根気のいる作業が続けられた。このほか、所蔵の美術品の一部も破損し、京都の専門業者などに依頼して直した。茶室の土壁も傷んだため、竹組みから替え、土も研究して同じ土を探して塗り直した。修復をすべて終えたのは約三年半後。約十億円の費用を要した。

美知子社主は震災の三日後、水も電気も止まったままの自邸を出て、しばらくの間、朝日新聞大阪本社の近くにあるリーガロイヤルホテルで避難生活を送った。毎日、ホテル内のレストランで食事をしていたが、次第に飽きてきて、「朝日新聞社の社員食堂へ行きたい」と周囲に漏らした。ある日、大阪本社ビルの四階にあった社員食堂にお忍びで来て、「うどん」を注文したという。

「あのうどん。ダシもよく出ていて、すごく美味しかったのよ」

これは、私が美知子社主から聞いている、震災当時の思い出話である。美知子社主は実に楽しげに、このエピソードを繰り返し披露した。実際、建て替え前の大阪本社の社員食堂で、うどんの味は天下一品だった。かつて、噂を聞きつけたドイツ領事館勤めのドイツ人女性がわざわざうどんを食べに来たという話も、先輩記者から聞いている。

大赤字の公演

村山邸の地震の被害の話に戻る。

六〇〇〇坪のお屋敷の周囲を囲む土塀はあちこちで大きく崩れ、無残な姿をさらしていた。地震から三日後、そのことを伝え聞いた三重県玉城町の町民ら二〇人余りがマイクロバスで村山邸へ駆けつけた。村山邸に隣接する香雪美術館の集会室に寝泊まりし、約一週間にわたって後片付けの作業をした。全員が手弁当のボランティアだった。

玉城町の辻村修一町長に、当時のことを尋ねた。

「わが町は村山家から多大な貢献をいただいています。なので、村山家がお困りの時は、少しでもご恩返ししたいという町民がたくさんいるのです」

辻村町長が言うように、朝日新聞社を創業した村山龍平翁は終生、生まれ故郷の玉城町のことを忘れなかった。一九二八年（昭和三年）、玉城町の中心部にある約一〇万平方メートル（九町九反歩）の広さの城山を、三万円という巨費（現在の貨幣価値で数億円）で国から払い下げを受け、町に寄贈している。この城山の山頂には、南北朝時代に北畠親房が創建し、江戸時代には紀州徳川家の家老である久野家の居城だった田丸城の城址があり、いまも町のシンボル、町民の憩いの場になっている。

村山家は一九三七年（昭和一二年）、同町に五〇メートルプールを寄贈している。その「泳ぎ初め」のセレモニーで、まだ甲南高等女学校の生徒だった美知子さんが古式泳法の模範演技を披露した記録が玉城町史に残っている。

戦後になっても一九八三年（昭和五八年）に、村山家が多額の寄付をして、町役場の隣に村山龍平記念館が建てられた。一階は図書館や教育委員会の事務局で、二階は龍平翁の新聞人としての足跡をたどった展示室と、町の歴史史料の展示室となっている。いまも、毎年四月三日の村山龍平翁の誕生日には、村山家が寄贈したプールの脇にある公園の龍平翁の記念碑の前で、「生誕記念祭」が盛大に催されている。村山家や朝日新聞社の役員らも招かれ、最近は、村山家の代表として美知子社主の甥の村山恭平さんが軽妙な挨拶をするのが恒例となっている。

さて、阪神・淡路大震災から三年後、一九九八年の第四〇回大阪国際フェスティバルから主催・運営団体が変わった。前年の第三九回までは、美知子社主が専務理事を務めていた大阪国際フェスティバル協会が取り仕切っていたが、第四〇回からは朝日新聞社・朝日新聞文化財団の主催になった。

これを機に、大阪国際フェスティバル協会はそれまでの累積債務も債権もすべて朝日新聞文化財団に譲渡した。協会の職員たちも文化財団に移り、美知子社主は任意団体として残った同協会の会長となった。

そのころ、大阪国際フェスティバル協会には数億円の累積債務があったとされる。苦境にあった大阪国際フェスティバル協会と美知子社主に、朝日新聞社が助けの手を差し伸べた。その見返りに期待したのは、朝日新聞社と村山家の長年の確執を抜本的に解決することだった。先に朝日新聞社から同協会に出向してきていた秋山康男氏が中心となって、同協会から財団への職員や事務の移行手続きを進めた。債務についても、朝日新聞社と美知子さんが折半する形で清算したのだという。

朝日新聞社からは、雑誌『ＡＥＲＡ』の創刊時に編集長も務めていた富岡隆夫氏（故人）が新たに文化財団の常務理事に就任した。富岡氏は再出発となる第四〇回の記念フェスティバルに全力で取り組んだ。美知子社主も、任意団体になったとはいえ、大阪国際フェスティバル協会の会長として、プログラム編成などに深く関わった。再出発は順調だったように見えた。

しかし、結果的には、この記念フェスティバルで約一億円の大赤字が出てしまう。記念フェスティバルの目玉となったバレエ公演の契約をめぐる不手際が、大赤字の原因だとされた。朝日新聞社側は「これでは再出発の意味をなさない」と判断した。

文化企画担当の役員待遇だった見市元氏が大阪に派遣され、事業担当専務の広瀬道貞氏、大阪本社代表の中馬清福氏と共に「検察官」役となって、富岡氏と美知子社主から「事情聴取」することになった。

見市氏によると、事情聴取の際、富岡氏からは力強い反論は聞けなかった。一方、美知子社主は臆することなく、「公演は水物なのよ。やってみなきゃわからないのよ」と真正面から反論した。見市氏が「それはそうですが、物事には限度というものがあります」と反論するが、美知子社主は「あなたたちは興行の世界がわかっていない」と納得しない。広瀬氏も厳しい姿勢を見せ、「朝日新聞社がバックについているとしても、やはりケジメというものが必要です」と主張した。「来年からは、もうちょっと慎重にやっていただく」ということで事情聴取は終わったという。

お気に入りの社長

翌一九九九年の第四一回大阪国際フェスティバルでは、朝日新聞社が企画運営に全責任を負うことになった。この体制がスムーズに機能するように、朝日新聞社は企画担当者を社内で公募し、「優秀なスタッフ」を集めた。

とはいえ、朝日新聞社側が作成したプログラムについて、村山美知子・大阪国際フェスティバル協会会長の了承を取り付けなければならない。その役目を担った見市氏は何度も大阪に足を運んで美知子社主に会い、こう直談判をしたという。

「村山さんに了承していただかないと、一歩も前へ進みません」

第四二回大阪国際フェスティバルも同じ体制で運営した。第四三回以降は、見市氏が文化財団の常務理事に就任したのを機に、再び文化財団が企画運営の責任を担うようになった。

しかし、朝日新聞文化財団と朝日新聞社が大阪国際フェスティバルの企画・運営に関わるようになったことについて、フェスティバル協会の生え抜きから文化財団に移籍したメンバーらの思いは複雑だった。

前述の山本勝夫氏はこう話す。

「朝日新聞社から乗り込んで来た人たちに対しては、正直に言って、何や、あいつらと思いましたね。昔の村山専務の苦労を、あんたらはわかっているのか？　と問いただしたかった」

さらに、続けた。

「村山専務は数日続く公演の初日、必ずチケットの売り上げの数字を見て、一喜一憂されていた。でも、新聞社の人は、そんなことはしない。村山専務にはコンサートに対する愛情があった。でも、新聞社の人にはなかった。そんなこともあって、私たちは財団を去ったのです」

一方、山本氏より若年の福島満氏は、少し醒めた見方をしていた。

「村山専務は肩の荷を下ろした感じで、安堵の表情を浮かべておられました。私としては残念だったけど、間違いなくほっとされていたと思います」

大阪府立泉陽高校の合唱部にいたころからフェスティバルホールに出入りしていた福島氏。彼が大阪国際フェスティバル協会の職員になったのは、美知子社主が協会の経営再建に奔走しているころだった。苦労を重ねる姿をつぶさに見ていただけに、経営を朝日新聞社に委ねてしまったことを残念と受け止める一方、美知子社主の複雑な心情にも思いを致したのだと思う。

見市氏の父親も、朝日新聞社の元社員で、文書部に長く勤め、戦前に朝日会館（音楽ホール）の副館長もしていた。母親も朝日新聞厚生文化事業団に在籍したことがあり、親の代から村山家と付き合いがあった。美知子社主から「私は、あなたが生まれる前から、あなたのご両親をよく存じ上げているのよ」とよくからかわれたという。見市氏は朝日新聞文化財団の常務理事を退く二〇〇三年ごろまで、美知子社主と打ち解けて何でも話せる関係が続いた。「朝日新聞社がかかわるようになってフェスティバルの質が落ちました」という愚痴や不満も聞いた。

ある日、見市氏が「フェスティバルは大変だから、やめたいもんだ」と美知子社主に冗談めかして言った。

このとき、美知子社主はただちに、次のように反論した。

「第三〇回フェスのとき、私が『区切りがいいからやめたい』と一柳さん（当時の社長）に申し上げたら、彼は江戸っ子だから、江戸っ子の口調で『やめなさんな』と言ったのよ。『フェスティバルはいまや大事な文化財なんだから、朝日新聞社がちゃんとバックアップしますから、やめようなんて思っちゃいけませんよ』と言ってくれたのよ」

見市氏は「だから、村山さんは朝日新聞社に対して、フェスティバルを支える義理も義務もあるはず、と思っておられたし、そのことを歴代の社長に言ってこられたと思う」と振り返った。

ここで、時計の針を阪神・淡路大震災の一一年前まで戻す。

「一柳さん」、つまり一柳東一郎氏は一九八四年（昭和五九年）暮れ、副社長から社長に昇格した。一柳氏も、退任した渡辺誠毅社長の後を受けて、村山家との関係改善に尽力した。大阪国際フェスティバルを支える朝日新聞文化財団をつくる方針を決めたのも一柳社長の決断による。そして、文化財団の初代の常務理事を務めたのが、ここまで度々登場している秋山康男氏だった。秋山氏は「一柳社長が村山家の苦境を救ったし、美知子さんの心からの相談相手だった」と話した。

一柳社長時代の一九八八年（昭和六三年）一〇月、美知子社主は同社長らとともに渡米し、ワシントンのナショナル・ギャラリー・オブ・アート（国立美術館）で開催された藪内流の「茶道イベント」の茶室開きに出席した。

同ギャラリー主催の大規模な懇親パーティで、美知子社主は地元のワシントン・ポスト紙の社主キャサリン・グラハムさんとともに主賓として紹介された。二人は席も隣りあい、同行した秋山康男氏も交えてなごやかに語り合ったという。

一柳氏は社長を四年余り続けたあと、一九八九年、社のカメラマンが沖縄・西表島の海でサンゴに傷をつけ、捏造（ねつぞう）記事を書いた責任をとって六月に辞任した。

渡辺誠毅、一柳東一郎の両社長時代、村山家と朝日新聞社は蜜月とも呼べる関係が続いた。村山於藤さんが亡くなって一年後の一九九〇年三月、大阪・ロイヤルホテルで開催された「想い出の会」で、渡辺氏はこんな挨拶をした。

「於藤さんは礼儀に厳しい人でしたが、心は優しかった。私が社長退任の意向を事前に伝えると、『あなたは辞めません』と言うのです。退任後、後任社長の一柳さんと一緒に、於藤さんと美知子さんの二人からロイヤルホテルでの食事に招待されました。『こんなことははじめてなのよ』と言われたことが楽しい思い出です」

そう言えば、美知子社主が「わが家の新年会の席で泥酔し、私の膝枕で寝てしまった人がいる」と楽しそうに打ち明けたのは、一柳氏のことだったと、私は思い返した。

一柳氏は二〇一六年六月に心不全で、見市氏は二〇一八年一一月に食道がんのため、いずれも亡くなっている。

渡辺誠毅、一柳東一郎両社長の時代、朝日新聞社と村山家の関係は良好だったと書いた。しかし、その後の歴代社長、つまり中江利忠（一九八九～一九九六年）、松下宗之（一九九六～一九九九年）、箱島信一（一九九九～二〇〇五年）の各氏は、美知子社主にとって決して気を許せる相手ではなかったと思う。

美知子社主が所有する朝日新聞社の株式について、これらの社長は財団などに寄付するように勧めてきた。村山家の顧問弁護士の西迪夫（みちお）氏が発案した経緯があったようだが、社長たちは「相続税で苦労されたようだが、寄付されれば非課税ですよ」「村山家の文化財を守るためにも、栄誉を守るためにも役立ちます」などと、美知子社主への説得を続けた。訪問時の話の切り出し方や、美知子社主の反応に合わせた「言い回し」について、本社スタッフと

「会議」を重ねた社長もいた。私は、その手の込んだ作戦を記した秘密メモを読んだことがある。美知子社主が株式の寄付に同意してくれれば、村山家の株主としての力を減殺することができる。経営者として当然の取り組みだったのかも知れない。村山家側の西弁護士が、受け入れのための条件を逆提案する場面もあり、美知子社主の悩みは深かった。

美知子社主は、香雪美術館の震災復興に要した一〇億円について、銀行からの借り入れでしのいでいた。

震災の数年後、その返済にあてるため、訪ねてきた社長に頭を下げ、朝日新聞社側に一〇億円の寄付を依頼した。すると、朝日新聞社側は「見返り」として、美知子社主が所有する朝日新聞社の株式のうち一六万株（朝日新聞社の全株式の五パーセント）を社に寄付するように求めた。当時、美知子社主は朝日新聞社の全株式の三六・四六パーセントを所有していた。五パーセント分を朝日新聞社に寄付すると、残る株式は三一・四六パーセントとなり、株主総会で増資などの重要事項に対する拒否権（三分の一条項）を失うことになる。ちなみに、一六万株の市場価値は、美知子社主が後にテレビ朝日に売却した時の価格、一株あたり六万三〇〇〇円で単純計算すると、約一〇〇億円に相当する。

朝日新聞社側の意図に疑問を感じたためか、美知子社主はこのとき、首を縦に振らなかった。結局、朝日新聞社からの寄付は大幅に減額された。香雪美術館には、銀行からの五億円余りの借入金が残り、私が美知子社主のお世話役となったころは、その利息相当分を朝日新聞社が毎年寄付する状態が続いていた。

歴代の社長たちは、「社業報告」を理由に村山邸詣でを重ね、美知子社主の気持ちを探った。美知子社主は内心苛立ちながらも、にこやかに、かつ毅然と応対していたに違いない。そのことは、私が知る直近三人の社長の訪問時の美知子社主の優雅な対応ぶりから容易に想像できる。美知子社主は過去から続く問題を一人で背負い、歴代の社長と対峙していたのだと思う。

二〇〇五年、週刊朝日が消費者金融・武富士から名目の立たない広告費五〇〇〇万円を受け取っていた問題で、箱島信一社長が引責辞任すると、後任の秋山耿太郎氏が、美知子社主をついに説得し、財団への株式寄付への同意を取り付けた。

しかし、秋山社長の思惑通りに事が運んだわけではなく、一度は頓挫した。その顚末については次章で詳しく述べる。

美知子社主は、一九九〇年から九五年にかけて刊行された『朝日新聞社史』の『明治編』『大正・昭和戦前編』『昭和戦後編』の各巻の編集にも関わっている。いずれも朝日新聞社の「創刊百周年記念事業」で、編修委員会としても美知子社主を無視するわけにいかなかったのだと思う。原稿が出来上がってくると、美知子社主の元に届けられ、編修委員会のメンバーを交えて美知子社主の「意見と助言を聞く勉強会」が何度となく開かれた。

私は大阪秘書役として引き継いだ書類の山の中にその勉強会の記録を見つけ、目を通したことがある。美知子社主は毎回、原稿を精読し、事実関係やニュアンスの違い、「てにをは」の使い方の類まで、細かく指摘していた。やり取りの記録を読む限り、的確な指摘が多かった。美知子社主は社史に度々登場する村山家に関わる表現については、とりわけ神経を尖らせていた。

「社主家の介入で社史が捻じ曲げられた」と批判する声が当時社内にあったことは、私も耳にしている。しかし、美知子社主にとって、「社史への助言」は創業家の名誉を守るための「もう一つの闘い」だった。美知子社主がもし理屈の通らない指摘をしたとしても、編修委員会側が「事実」を元に誠実に話し合い、解決すべき事柄だったし、事実、そうしたのだと思う。

黒御影石の記念碑

フェスティバルや香雪美術館の話題から外れるが、美知子社主が矍鑠（かくしゃく）として、朝日新聞社と対峙していたころのエピソードを書く。

二〇〇〇年一月二六日、大阪市北区中之島の朝日新聞大阪本社から約五〇メートル南の四ツ橋筋沿いに、黒御影石製の「朝日新聞創刊之地」記念碑が建立された。朝日新聞創刊一二〇周年の記念事業として計画されたが、実現までに紆余曲折（うよきょくせつ）があった。一二〇周年にあたる一九九九年から一年遅れで完成したこの記念碑は当初、「新聞配達少年の像」のデザインとなる予定だった。その昔、各小学校にあった二宮金次郎像に似たデザインで、当時の箱島信一社長の決裁も得ていた。しかし、美知子社主の「ダメ」の一言で却下となった。

以下は、大阪本社代表室員（当時）としてこの問題を担当した丸山長平氏から聞いた話である。

美知子社主が納得する記念碑にするにはどうしたらいいのか。丸山氏は困り果て、懇意にしているプロダクト・デザイナーの喜多俊之氏に相談した。「いいアイデアを」と助言を求めると、喜多氏は「俺がデザインしたる」といきなり言った。丸山氏は「今回は石の代金を含めて五〇〇万円しか予算がないので、先生にお願いするのは無理です」と慌てて説明したが、喜多氏は「大阪で生まれた新聞社が二一世紀にも成長していこうというための記念碑。私も大阪で生まれ、大阪で育った人間として、お金をもらおうとは思わない」と言う。丸山氏は喜多氏の言葉に甘え、デザインを依頼したという。

「あんた、朝日新聞社創業の地の記念碑を見たことがあるか？」と丸山氏に突然聞かれ、私は正直に「ありません」と答えた。丸山氏は嬉しそうな表情で、こう話した。

「黒御影石でできていて、全体は竹の節（ふし）のデザインなんよ。途中からすっと斜めに伸びている。下の部分は二〇世紀の朝日新聞社。上の部分は二一世紀の朝日新聞社。これからも朝日新聞社は伸びていきますよ、というメッセージが込められているのよ」

そのあと、私も現地に足を運んだが、確かに、優美で力強いデザインの石碑であった。

喜多氏はまず、実物大の碑を発泡スチロールで作ったという。丸山氏がこのモデル作品を美知子社主に見せると、ひと目で気に入った。「これ、あなたが作ったのですか？」と聞かれたので、丸山氏は「めっそうもない。私の知り合いのデザイナーの喜多俊之さんに頼みました」と答えた。すると、美知子社主は「あのイタリアの喜多さんのことですか」とおっしゃった。丸山氏は「えっ、社主はイタリア在住の喜多さんをご存知なんですか？」と思わず聞き返したという。

この後、美知子社主は「あなた、デザイン料はいくら払ったのですか？」と尋ねた。「いや、喜多さんとは長い付き合いですし、大阪で生まれた自分としては、大阪で生まれた新聞社のためのデザインでお金はいらないとのことだったので、タダでやってもらいました」と丸山氏が答えると、美知子社主は椅子から突然立ち上がった。そして、「私の顔に泥を塗らないでください」と激怒したという。丸山氏は同席の大阪秘書役とともに「申し訳ございません」と頭を下げたうえ、「今回は予算が五〇〇万円しかなく、喜多さんのご好意に甘えました」と釈明した。しかし、美知子社主は「あなたたち、予算予算というけど、今回は創業家に絡むことだから、費用は私が持ちます。一億もあったら足りるでしょ」とおっしゃったという。

美知子社主の希望はさらに続いた。

「デザインはこれでいいけど、もう一つ注文があります。石は赤御影石にしてほしい」

丸山氏が「理由は？」と尋ねると、美知子社主は「三重県の玉城町にある村山龍平像が赤御影石でできています。それと同じ石を使ってほしい」とのことだった。

しかし、施工を担当する竹中工務店に調べてもらうと、国内産の良質の赤御影石は玉城町の村山龍平像で使われたものが最後で、もう日本には、あれだけの赤御影石はないという。

このため、美知子社主に「私たちも竹中工務店さんも、黒御影石を考えています」と説明した。美知子社主は「わかりました。そのかわり、世界で一番の黒御影石にしてほしい」と話し、さらに「いくらお金がかかってもかまいません。費用は私が持ちます」と重ねて言われた。丸山氏は「ありがとうございます」とお礼を言って、村山邸を辞したという。

ところが数日後、神塚明弘・大阪本社代表室長を呼び出し、「おまえら、私の知らない間に社主になんちゅう迷惑をおかけしたのか。箱島（信一）社長がカンカンに怒っている」と、すごい剣幕だった。神塚氏は「いま、村山家と朝日新聞社はとても微妙で大事な状況にある。その中で、社主に記念碑の費用を持たせるなんて、何てことを考えてるのや」と続けた。丸山氏は「神塚さんも箱島社長から同じように怒られたから、こっちにも怒ったのだろう」と冷静に振り返った。箱島社長の時代、美知子社主との関係は微妙だったと言われている。このため、神塚氏らが記念碑の問題にも神経を尖らせていた。

竹中工務店のつてで、岐阜県の石材業者・長良石材が最高品質の黒御影石を所有していることがわかった。イタリア・ジェノバにある長良石材の倉庫に置いているという。赤御影石の調達が困難とわかったのは一九九九年一二月に入ってだったので、もう時間がなかった。竹中工務店の協力で、ジェノバの倉庫の黒御影石を成田空港経由で関西空港まで空路運んだ。その後、丸山氏らはこの石を陸路、神戸・御影の村山邸に運んだ。美知子社主は品質を確認したうえで、「石を斜めに切って、ムシが入っていたら、使えません。しっかり調べてください」と注文をつけた。

美知子社主は、丸山氏が用意した御影石の写真を手に取り、「これがムシです」と自ら説明した。丸山氏があらためて調べると、ムシは火成岩の御影石ができた時に入り込んだ微生物の化石で、長年外に置いて、風雨にさらされると、欠落の原因になることがわかった。「さすが社主。恐れ入りました」と丸山氏は思ったという。

ジェノバから運ばれた石は三本あり、このうち一本には六個のムシが見つかったために廃棄された。残る二本はムシがなく、このうち一本がデザイナーの喜多氏の設計図通りに「一ミリ以下の誤差」で精密に細工され、無事、落成式の日を迎えた。

建立された場所は、帝人ビルの公開空き地の一角である。帝人側は公開空き地の使用を快諾しただけでなく、「わが社の敷地に（朝日新聞社創刊の地という）由緒ある場所があることは大変光栄。管理についても、我が社が責任を持って後々の代まで引き受けさせていただく」と伝えてきた。

結局、美知子社主が記念碑の建立費用を負担することはなかった。

当時、大阪国際フェスティバルに莫大な私財を投入しつづけた影響などで、村山家の財政は火の車の状態だったが、美知子社主は創業家の矜持（きょうじ）を持って対処しようとした。丸山氏は、こうした縁で美知子社主の信頼を得た。「ある日、美知子社主が『紅茶を淹れてあげる』と言って、お手伝いさんに高級な茶葉や茶器を用意させ、実際に淹れてもらいました。あの時の紅茶の深い味わい。いまも忘れられまへん」と私に話してくれた。

美知子社主が御影石に詳しかったのは、父親の長挙さん、母親の於藤さんの墓を建立した際に勉強したためだと思われる。村山家の墓地は、大阪市阿倍野区の大阪市設「南霊園」内にあり、一族の一人一人の墓が別々に作られている。それぞれ高さ二メートルを超す大きさで、本御影の石が使われている。村山家の墓地の墓石をめぐるトラブルについては、最終章で触れることになる。

二〇〇五年八月、美知子社主は日課としていた邸内の祖霊舎へのお参りの際、転んで歩けなくなった。大阪市北区の北野病院で精密検査を受けた結果、脊髄に圧迫骨折の箇所が見つかり、金属で背骨を支えるようにする手術を受けた。手術後、懸命にリハビリを続けたが、歩けるようにならず、神戸・御影の自邸に戻ってからも車椅子の生活となった。

見市氏の後任として朝日新聞文化財団の常務理事となった橘優氏が、大阪国際フェスティバルのプログラム案などを持参して度々村山邸を訪れることになった。思うように外出できない美知子社主が意見を挟む機会は、次第に減っていった。

第九章　社主の役割

朝日が外資に乗っ取られる！

二〇〇七年四月。本書の冒頭で書いたように、私は神戸・御影の村山邸で仕事をすることになった。肩書は大阪本社秘書課主査。それまで、大阪本社の電子電波メディア担当補佐兼データベースセクション・マネジャー（部長）として報道業務の周辺の仕事に携わっていた私にとって、とんでもない日々の始まりだった。

神戸・御影通いを始めて数日後、社会部の先輩で大阪本社代表室にいた松本督氏から『鈴木敏男・朝日ビルディング社社長の回顧録』から抜粋したコピーを手渡され、「極秘の文書だが、村山家に出入りする社員の必読書です」と言われた。鈴木敏男氏が朝日ビルディング社の社長時代、村山美知子社主のわがままに振り回され、いかに苦労したか、という記述で埋め尽くされていた。

朝日新聞の社員が美知子社主に相対する際の「理論武装」の書だと受け止めた。「極秘」

と言われていたのに、しばらく後、社の幹部だった内海紀雄氏から「樋田君、例のコピーは読んだか？」と声をかけられた。「読みました」と答えると、満足そうにうなずいていた。村山家と関連の深い朝日ビルディング社の人たちと親しくお付き合いするようになると、同社の多くの社員から「樋田さん、うちの鈴木敏男元社長が書いた本のコピーを読まれましたか。私たちはみんな読んでいます」と打ち明けられ、「極秘の書類は、こうして極秘ではなくなるのか」と思ったものである。

そういえば当時、社内では美知子社主について「母親の於藤さんと性格が一緒で一卵性親娘と呼ばれている」「〝女帝〟だった於藤さんと同様に、超のつくわがまま」などという噂も流れていた。

私が村山家に通うようになったころ、朝日新聞社が最も神経を尖がらせていたのは美知子社主の甥の村山恭平さんの動向だった。

二〇〇六年夏の時点で、朝日新聞社の株式構成は、美知子社主三六・四六パーセント、妹の村山富美子さん八・五七パーセント、上野尚一氏一二・八二パーセント、上野克二氏三・三四パーセント、上野信三氏三・三四パーセント、従業員持株会一〇・五六パーセント、役員持株会二・一八パーセントなどとなっていた。

このうち美知子さんと上野尚一氏の二人が朝日新聞社の社主である。上野尚一氏は、村山龍平翁とともに創業者とされる上野理一氏の曾孫にあたる。克二、信三両氏は尚一氏の弟である。二〇〇六年一一月、恭平さんは母親の富美子さんから朝日新聞社の株式の一部（五パーセント分）を譲渡され、株主になっていた。

誰が、どう考えても、会社側を震え上がらせる株主構成になっていた。とりわけ、美知子社主の三六・四パーセントという持ち株比率は頭抜けており、それこそが、歴代の社長たちの御影通いの理由であり、美知子社主の身の回りのお世話を担当する（私のような）秘書役が存在してきた理由だった。

二〇〇六年一二月三日、村山、上野両家の食事会が大阪のウェスティンホテルの中華レストラン・故宮の個室で開かれた。出席者は、上野尚一氏ら三兄弟、美知子社主、富美子さん、恭平さんと妻、娘たち四人、それにＩＴ企業家として知られていた元アスキー社長の西和彦氏だった。西氏は上野家の遠縁にあたり、恭平さんが当時勤務していた大学の同僚でもあった。それまで互いに疎遠だったはずの村山家と上野家の人々が一堂に会したということになる。

この会合を知った朝日新聞社側の幹部らの間で、衝撃が走った。

食事会は恭平さんの発案で開催され、恭平さんが朝日新聞社の株主となったことの挨拶を兼ねた会だったことがわかった。上野尚一社主は翌二〇〇七年一月、会社の新年祝賀行事で、「きょうは、資本の話をします。昨年暮れ、村山家の皆さんと上野家の者が会食しました。はじめてのことで、非常に楽しかった。今後も、村山家と相談しながら、朝日新聞社の資本と経営の話を考えていきたい」と挨拶し、衝撃はさらに深まった。

その時点で、美知子社主と富美子さんと恭平さんの株式を合わせると、朝日新聞社の全株式の四五・〇三パーセント、村山、上野両家の株式を合わせると同六四・五三パーセントに達する。両家が連携すれば朝日新聞社の支配権を完全に掌握することができる。経営陣が疑心暗鬼になるのも無理はなかった。

そんな折、二〇〇七年六月一四日付の『週刊文春』に「朝日新聞『後継社主』に30問30答」という記事が掲載された。

この記事で、「後継社主」とあるのは恭平さんのことを指していた。美知子社主には子どもがなく、いずれは村山家の株式のすべてを恭平さんが相続する可能性があった。

前年暮れの村山、上野両家の会食の内容が詳細に書かれていた。両家以外でただ一人の出席者だった西和彦氏について、恭平さんが「西のおっちゃんは、（中略）私が関西大学（の講師だった＝筆者注）時代にアスキー社と共同開発した特許を何件か販売できました」「私が理事させてもらっている須磨学園の学園長ですから、職場の上司みたいなもんですわ。上司をおっちゃん、呼んだらいけませんね（笑）」「〝自分がいくら頑張ってもこの人には敵わん〟と実感できた人の一人です。きっと天才やと思います」などと語っていた。

記事では、その西氏に近い関係者の話として「恭平氏が西氏に相談すれば、西氏は外資系投資銀行やファンドにも通じているから、外資からの資金調達も選択肢の一つになる。要は、保有株の一部を朝日新聞以外の第三者に売却する可能性が出てきたということです」というコメントも掲載されていた。

この記事は、朝日新聞社の経営陣らを震撼させたという。その後も村山恭平さんと外資系ファンド会社の密着ぶりを伝える週刊誌報道が続き、こんな話が私の耳にまで入ってきた。

「村山恭平氏は、村山美知子社主の株式を相続する際、朝日新聞社を分社化するつもりだ。利益が見込める不動産部門の会社と利益は見込めないが社会的に必要な編集部門の会社に分け、不動産部門の会社の株式については外資系の会社に売却する。その売却益で相続税を支払うつもりだ」

トラブルメーカー

恭平さん自身は週刊誌で発言した意図についてこう振り返る。

「当時、私はスイスのＵＢＳ銀行や米国のリーマン・ブラザーズ、モルガン・スタンレーという外資系証券会社の助言を受けていました。彼らとの勉強会で、朝日新聞社はル・モンド紙やニューヨークタイムズ紙などと資本提携すべきだとか、朝日新聞社も含めたマスメディア企業は、メディアの独立性を守るための国際ファンドの傘下に入る形で経営を安定させたほうがいいとか、いろいろ理論上の話をしていました。それがねじれて伝わったのでしょうか」

この話は朝日新聞社内だけでなく、ライバル社にも伝わった。当時、読売新聞社の渡辺恒雄社長（現・読売新聞グループ本社代表取締役主筆）から秋山耿太郎（あきやまこうたろう）社長あてに「朝日新聞が外資に乗っ取られるという話がある。そんな事態にならないように頑張ってくれ」と激励の連絡があった。そんな話を、私は秋山社長から直接聞いていた。私が大阪社会部の先輩二人から「樋田君の仕事は、朝日新聞社が外資の傘下に入るような事態になったら、その経緯を記録して世に問うことだ」と激励されたのも、『週刊文春』の記事が出たころだった。

前述したように、二〇〇五年にはライブドア社長の堀江貴文氏がフジテレビを買収するため、親会社のニッポン放送株を大量に取得する騒ぎも起きていた。一九九六年にはルパート・マードックという米国のメディア界に君臨した実業家が、日本のIT業界の寵児だった孫正義氏と組んで、テレビ朝日の全株式の約二〇パーセントに当たる株式を旺文社から買い取る事態も起きた。当時、朝日新聞社はマードック氏側から全株式を買い取り、テレビ朝日を子会社化することで買収劇を失敗に終わらせた。そんな経験も踏まえ、朝日新聞社の経営陣は村山恭平さんの行動や言動に脅威を感じ、それに対抗するため様々な手を打とうとしていた。

実は、私が京都支局のデスク（次長）をしていた一九九六年当時、村山恭平さんが母親の富美子さんと一緒に京都支局を訪ねてきたことがある。北畠泰宏支局長（故人）の紹介で恭平さんと挨拶を交わしていた。

恭平さんが将来、美知子社主の跡を継いで社主になる可能性があるとして、社内の様々な部署を回る研修プログラムが組まれていたのである。京都支局の見学の際、恭平さんは「私が社主になったら、甲子園球場での国旗掲揚はやめさせたい」「樋田さんのように大阪府警でサツ回りもしてみたい」と突然話し出したことが記憶に残っている。

後日、恭平さんは「甲子園での国旗掲揚中止は、朝日新聞社の態勢が変わらないのであれば、責任を果たしたらどうか、と言ったまでです」と釈明した。いずれにしても、誤解を招く発言だったように思う。

恭平さんの研修は、二年ほどで打ち切りになっていた。この研修で、恭平さんの評価は散々だった、と聞いている。印刷工場などで担当者が待っていたのに、恭平さんが連絡しないで大幅に遅刻したこと。各職場で担当者の説明を聞く姿勢が良くなかったこと。恭平さんが講師をしていた関西の私立大学で、担当講座の内容や勤務条件などをめぐってトラブルが起き、退職する事態になったことも、恭平さんの評判を落としていた。恭平さんは「遅刻は一度だけです。でも、研修態度が悪かったことは認めます。当時は生意気にも、新聞は時代遅れのメディアだと思っていたのです。大学を辞めたのは東京の私立大学の准教授に転職するためでした」と釈明する。しかし、会社側は「社会人としてのルールを守れない人物」「社主の器ではない」と手厳しい評価を下していたのである。

美知子社主が「恭平は社主には向いていない」と経営陣に伝えていたことも、朝日新聞社の判断に影響を与えたと思う。

私も当初、恭平さんに警戒心を抱いていた。

しかし、実際のところ、恭平さんはやや短気だが、裏表のない、人の良さそうな感じの人物だった。社内からは「彼はトラブルメーカーだから気をつけろ」と言われていたが、自分の意見を持ち、彼なりの正義感を持っていた。中古部品を寄せ集めてパソコンを組み立てるという「コンピューター・オタク」ではあった。しかし、それも京都の進学校の私立洛星中、高校から名古屋大学理学部地球科学科に進んだ学歴からすれば、それほど奇異ではない。さらに神戸大学と東京大学の大学院で学び、関東や関西の私立大学で地学や環境問題、コンピューターなどを担当する講師や准教授などをしていた。インターネット上では、原発反対などの主張を発信していた。

私は、神戸・御影の村山邸に通う生活の中で、美知子社主を訪ねる恭平さんと接触する機会が増えた。「要注意人物」だったので、接触の内容は逐一、会社に報告していたが、恭平さんとは次第に親しくなり、時にはざっくばらんな話もしてくれるようになった。彼は、例の『週刊文春』の記事についてこう打ち明けた。

「あれは、質問も答えも、ほとんど私が作り、完成原稿の形で送りました。だって、記者の人にニュアンスを曲げて書かれても困るからです。向こうの要点をはぐらかしながら答えるのも大変でした。あそこに出てくる私の大阪弁、妙におかしかったでしょ。あれも私の演出。まあ、ユーモアのつもりでした」

「恭平にも困ったものね」

村山恭平さんの記憶に残っているかどうかはわからないが、私は恭平さんと三度にわたって「対決」する場面があった。二〇〇七年から翌二〇〇八年にかけてのことである。

最初の「対決」は、二〇〇七年六月二六日の朝日新聞社株主総会の前日に起きた。この株主総会で、恭平さんは伯母に当たる美知子社主の委任状を得ようと考えていた。頻繁に村山邸に現れ、美知子社主に対して委任状を書くように求めていたのである。

六月二五日の午後、美知子社主が当時は大阪秘書役だった安冨幸雄氏と私を自室に呼び、こう話した。

「夕方に恭平が来るの。私一人で会うと、恭平の迫力に負けて、委任状を書くのを断りきれなくなる。だから、一緒に会ってほしいの」

私たちは村山邸に居残り、恭平さんがやって来るのを出迎えた。美知子社主が話していた通り、恭平さんはこう切り出した。

「アンティー（＝伯母。美知子社主のことを恭平さんはこう呼んでいた）は株主総会に出席できないかも知れない。だから、同じ村山家の私に委任状を託すのが筋というもの。朝日新聞社の人はやっぱり信用できないところがあるでしょ」

美知子社主は黙ったまま、何も答えない。恭平さんは苛立ち、時には声を張り上げて話しつづけた。安冨氏と私が「社主が黙っておられるということは、恭平さんに委任状は託せないという意思表示だと思いませんか」と代わりに答えた。恭平さんは最後に「アンティー、私の言うことを聞いてくれないのなら、もうどうなっても知らないよ」と言い捨てて、帰って行った。

二度目の「対決」は、その一ヵ月半後、八月七日の村山長挙さんの命日に起きた。この年は、村山長挙さんの没後三〇年にあたり、村山家は神道に則った「三十年祭」を営んだ。同家と朝日新聞社の関係者約三〇人を招き、第一会場の神戸・御影の村山邸の祖霊舎で神前祭が、第二会場となった大阪市阿倍野区の大阪市設南霊園（通称・阿倍野墓地）にある村山家の墓地で墓前祭が催された。美知子社主は祖霊舎での神事と自邸での昼食会のホスト役を務め、午後からの墓前祭への参列は控えることになっていた。

問題の発端は、三十年祭前日の八月六日午後、阿倍野墓地で村山家の墓の管理を請け負う「開路舎」という業者からの電話だった。

「カタカナや英語の名前の会社から供花が届いているのですが、いかがいたしましょうか」

詳しく聞くと、モルガン・スタンレー証券、UBS銀行、リーマン・ブラザーズ証券の三社からの供花で、いずれも日本支社長の名前だった。各社に問い合わせると、いずれも村山恭平さんからの要請で、七日の当日は三人の日本支社長がうち揃って三十年祭に出席する予定であることもわかった。私は大阪本社代表の池内文雄氏と相談のうえ、七日早朝に美知子社主に会った。

「恭平さんが外資系の投資銀行や証券会社の日本支社長を三十年祭に招待されています。三十年祭を主催されるのは社主です。社主が判断されれば、出席をお断りしますが、いかがされますか？」

美知子社主は険しい表情で、即座にこう話した。

「出席は断ってください。お花も不要です」

私は美知子社主の指示通り、すぐに三社に連絡を取った。各社の総務・広報部門の担当者は「私たちは村山恭平さんの要請で、大阪へ出向くことにしたのです。恭平さんの意向を確認しないとご返事できない」と異口同音に答えた。私は三社の担当者にこう言った。

「三十年祭を主催されているのは村山恭平さんではなく、彼の伯母で朝日新聞社社主の村山美知子さんです。その美知子さんが供花も参列も困る、とおっしゃっているのです」

約三〇分後、各社から「幹部同士で協議した。その結果、いずれの社も参列しないことにしました。供花もやめさせていただきます」との返答があった。ほっと胸をなでおろし、私たちはセレモニーの本番を迎えた。ところが、村山邸での神事、食事会の後、車列を連ねて大阪・阿倍野の村山家墓地に到着すると、村山長挙さんの墓の前に、断ったはずのモルガン・スタンレー証券、リーマン・ブラザーズ証券、UBS銀行の名前の入った供花が並んでいた。

私は墓地の脇にある「開路舎」に出向き、「どうして撤去をお願いしたはずの供花が並んでいるのか?」と問いただした。担当者は「いや、いったんは墓前に飾った供花を撤去したんです。ところが、つい先ほど、村山恭平さんという方が来られ、『私が頼んだ供花だから』と再び持ち出されたんです」と説明した。

結局、各証券会社の供花は飾られたまま、墓前祭が始まった。恭平さんはこの神事に妻や娘たちを伴って参列し、神事の「主役」を務めた。朝日新聞社側からは秋山社長以下、池内文雄大阪本社代表ら幹部役員ら一〇人余りが出席した。

一連の行事が終わった後、恭平さんが私に近づいてきて、「樋田さんには樋田さんの仕事があるように、私には私の仕事があるんです。どうか、悪く思わないでくださいね」と、ニヤリとしながら言った。これには、私も苦笑せざるを得なかった。

翌日、私は阿倍野墓地で撮影した墓前祭の写真を村山邸に持参し、美知子社主に見せながら、神事の模様を報告した。

「長挙様の墓石の前に、わけのわからない外資系証券会社の供花が並んでいました。すべて、村山恭平さんがやったことです。私は社主のご指示通り、撤去をお願いしたのですが、聞き入れていただけませんでした」

こう話しながら、私は外資系証券会社の供花に「占拠」された墓石の写真を美知子社主に見せた。美知子社主はいまいましげに写真を眺め、「恭平にも困ったものね」とつぶやいた。私にとって、美知子社主の恭平さんに対する警戒心を高めることができたという点では「作戦成功」だった。私は、「私の仕事」を遂行したのだった。

朝日株の行き先

美知子社主にとって、恭平さんはただ一人の血の繋がる甥だった。それだけでなく、美知子社主は二歳のころの恭平さんを一年間近く、神戸・御影の自宅で預かり、育てていた。恭平さんの母親の富美子さんが、夫の良介さんとの結婚のため、米国の大学での勉学の途中、一年を残して帰国したことを悔やみ、「卒業に必要な単位を取得したい」と思い立った時のこと。富美子さんは幼い恭平さんを姉に預けて単身留学したのである。

「あのころ、恭平は可愛かったのよ。富美子が米国へ旅立つ前日、恭平は六甲の別荘でベッドの下に隠れて泣いていて。それが不憫でした。私は恭平と一緒にお風呂も入りました。よく懐いてくれたわ。母親代わりだったのよ」

美知子社主は、遠い昔を懐かしむ一方で、「残念だけど、恭平は村山家を継ぐ器ではないわね」とも話していた。

美知子社主が恭平さんに不信感を持つようになった理由はいくつもあったと思う。当時、恭平さんは恭平さんなりに、村山家の行く末、朝日新聞社の将来像を考え、独自の行動を取っていた。

二〇〇六年一二月三日の村山、上野両家の会食についても、美知子社主は恭平さんに誘われるまま、大阪のウェスティンホテルを訪ねたのだが、上野尚一氏たちが同席することについては、恭平さんから聞かされていなかった。まして、西和彦氏も待ち受けていたことなど知る由もなかった。恭平さんにしてみれば、長年確執が続く村山家と上野家の和解の橋渡し役をしようという思いがあったのだと思う。しかし、美知子社主は「私を騙すように連れてきて、何のつもりかと思ったわ」と憤慨していた。同年夏に北野病院で背骨の手術を受けて入院した際には、恭平さんが村上ファンドの村上世彰氏を連れて病室にやってきた、という噂が流れたこともある。この噂については、恭平さんは「絶対にありえない」と否定していた。

「あの子は、いったい何を考えているのかしら？」

美知子社主が困惑した表情でそう話すのを、私も何度か耳にしていた。

さて、村山恭平さんとの「三度目の対決」までには、以下に述べるような長い曲折があった。

二〇〇七年当時、いわゆる「村山騒動」を終焉させ、朝日新聞社の経営を安定させるため、村山美知子社主が当時所有していた全株式（朝日新聞株の約三六・四六パーセント）を朝日新聞文化財団に寄付（無償譲渡）してもらう話が水面下で進展していた。

村山家の顧問弁護士を長年続けてきた東京の西迪夫弁護士と朝日新聞社の秋山耿太郎社長らとの間の交渉が進み、

▽美知子社主の全所有株式の寄付の見返りとして、朝日新聞社が美知子社主の生活を生涯にわたって保障する

▽文化財団を改組・改名して村山家の栄誉を後世に伝えるようにする

▽文化財団の助成事業の分野を拡大する

▽文化財団を支えるため朝日新聞社が数百億円を寄付する

などの内容で合意していた。体制強化のために就任を依頼する新理事の候補も、日野原重明氏、細川護熙（もりひろ）氏などに内定しつつあった。朝日新聞社側にとっては、長年の懸案を一挙に解決できる、願ってもない合意。美知子社主への最終的な説得を引き受けたのは、秋山社長

ではなく、西弁護士だった。

決断の日

二〇〇七年九月一〇日、西弁護士が従兄弟の津田禎三弁護士を伴い、村山邸にやってきた。

私は、二人の弁護士を応接間に案内する役目だった。美知子社主が二階の居室から降り、応接間で西弁護士らと対面するのを見届けて、私は室外に出た。その後、ガラス戸越しに応接間の三人の様子を見守った。西弁護士が書類を美知子社主に見せながら、諄々（じゅんじゅん）と諭すように話していた。美知子社主はときどきうなずきながら、二時間以上にわたって話を聞きつづけた。最後に、美知子社主は株式の譲渡契約書に用意の実印を押した。

西弁護士は、美知子社主との話し合いを終え、玄関で待つ車に乗り込む際、見送る私たちに「村山美知子さんに大変ご苦労様でした、とお伝えください」と告げた。その時の西弁護士の厳粛で穏やかな表情が忘れられない。もちろん、当時の私には、過去の交渉経過も、当日の話し合いの中身も知る由がなかった。

「どんなことかはわからないけれど、社主は株式のことで何か大きな決断をしたに違いない」

私は漠然とそう思っていた。

しかし、話はここで終わらなかった。翌日から、美知子社主の周辺で人の出入りが激しくなった。美知子社主の側近で信頼の厚い古澤弘太郎氏、村山家の顧問税理士の藤木克尚氏らが動き、西弁護士、津田弁護士らとの約束、つまり朝日新聞社との合意を覆すように説得したのである。美知子社主は、この説得を受け入れ、古澤氏が作成してきた文面のままの手紙を、西、津田両弁護士に送った。美知子社主がいったん承認した株式譲渡契約書を白紙に戻し、顧問弁護士を解任する、という内容だった。古澤氏は生前、私にこう話していた。

「私の人生で一番大きな仕事は、あのとき、美知子さんを説得して、弁護士さんたちの案をひっくり返したことです。弁護士さんたちの案の背後には朝日新聞社がいた。あの案では、資本側（株主）が経営側に譲歩しすぎだった。あれでは、村山家が何のために長年、経営陣と闘ってきたのか、意味がわからなくなるような案だった。全株式を放棄してしまえば、社主家の尊厳を守ることができない。美知子さんのお側で支えてきた者として、我慢できなかったのです」

美知子社主の突然の翻意に、秋山耿太郎氏ら朝日新聞社の経営陣は落胆した。しばらくは、やけ酒の日々だったという話も聞いた。

しかし、間もなく元朝日新聞社専務でテレビ朝日の会長になっていた広瀬道貞氏を中心に、「次の案」が動き出した。「広瀬・古澤構想」とでも呼ぶべき案で、大まかに言えば、美知子社主が所有する朝日新聞社の株式約一一六万株を三分し、三分の一をテレビ朝日に売却、三分の一を香雪美術館に寄付、残り三分の一を美知子社主が引き続き所有する、という内容だった。当初は動きの鈍かった朝日新聞社側も二〇〇七年の暮れごろから、「この案でいくしかない」と動きはじめた。

美知子社主も、信頼する古澤弘太郎氏の説得を受け入れ、株式の三分割案でいくしかないと考えるようになっていたようだが、「先代（父親の長挙さん）から受け継いだ朝日新聞社の株式」の多くを手放すことについて、やはり最終決断ができないままだった。

そんなとき、思い惑う美知子社主の背中を押すことになったのは、ペースメーカー埋め込み手術の実施だったのではないか。私は、いまもそう思う。当時、美知子社主はかなり重度の不整脈に悩まされ、夜中に一分間以上、脈が止まってしまうこともあった。付き添いチームの女性たちから「このまま脈が止まったままだったら、どうしよう、と不安になることがしばしばです」との訴えを、私も聞いていた。

手術のきっかけになったのは、主治医の日野原重明氏が翌二〇〇八年の一月二七日に村山邸を訪ねた際の診察だった。日野原氏は美知子社主の「二十四時間心電図」などを入念にチェックしたうえ、診察に臨んだ。私も美知子社主のお世話役として立ち会っていた。

「美知子さん、お久しぶりですね」

日野原先生は和気藹々（わきあいあい）とした雰囲気で歓談を始めた。日頃のリハビリの様子について話を聞くなどし、診察は午前一一時半ごろまで一時間ほど続いた。美知子社主はいつも、日野原先生による診察とそれに伴う歓談を楽しみにしており、この日も日野原先生との再会を心から喜んでいた。

日野原先生は、美知子社主の両親が東京・港区の別邸で暮らしていたころから村山家の主治医を続けていた。関西の出身で、「僕が中学生の頃、大阪の朝日新聞社脇のスケート場で、稲田のえっちゃん（一九三六年にガルミッシュ・パルテンキルヘンオリンピックのフィギュア競技に出場した稲田悦子さん）からスケートを習っている小学生の美知子さんを見てたんです」と話すほど、長い付き合いだった。

「母は日野原先生よりもずっと歳上だったのに、日野原先生に『お父様とお呼びしてよろしいですか』と聞いたの。日野原先生は『よろしいですよ』と答えたので、母は先生のことをずっと『お父様』と呼んでいたわ」。美知子社主が可笑しそうに話すのを、私は聞いていた。

日野原先生は美知子社主の胸に聴診器を当て、心音をじっくり聴き、こう切り出した。

「美知子さん、心臓のペースメーカーを付けたほうがいいという専門の医師の判断が出た時は、本人の意思が大事になりますから、その時は『ペースメーカーの手術を受けます』と答えてくださいね。手術はきわめて安全で、いまは外科ではなく、内科の先生が実施しているほどです。私の知り合いで九五歳の人も手術を受けました。手術ですごく元気になりますからね」

診察後、日野原先生は次の訪問先である神戸市内の兵庫県看護協会に向かう途中、携帯電話で会社が決めた主治医の吉田途男医師を呼び出し、こう話した。

「美知子さんの前では、本人がショックを受けるので言いませんでしたが、心音にかなりの雑音があり、大動脈狭窄（きょうさく）の疑いがきわめて強いですね。将来、心内膜炎などを起こす可能性も十分にあります。いま、ペースメーカーを入れておかないと、深刻な事態になったとき、使える薬の選択に大きな制約を受け、取り返しのつかないことになります。ですから、春、暖かくなったら、ペースメーカーの埋め込み手術を実施しましょう。私からしっかり話し、手術にも立ち会います」

日野原先生は三月三日、再び村山邸を訪ねた。そして、美知子社主に「ただちに手術が必要です」とあらためて強く勧めた。美知子社主は「ご先祖からいただいた身体に傷をつけたくない」と答え、最初は尻込みしていたが、心から信頼していた日野原先生の意見には逆らえず、最後に同意した。

日野原先生に手術を強く勧められたあと、美知子社主は唇を噛(か)んで窓外を眺めながら呻吟(しんぎん)することが多くなった。朝の挨拶の際、美知子社主は私に向かって問わず語りに、こんな話をされたこともある。

「手術がうまくいかなかった時には、生還できないかもしれないのよ」

「入院の前にどうしても決めなければ……」

美知子社主は、その言葉通り、株式の売却と寄付を決断し、関係者に伝えた。それまでの、思い悩む美知子社主の姿と、決断後の吹っ切れたような表情が、いまも私の脳裏に残っている。

三月三〇日、香雪美術館は定例の理事会、評議員会で、株式の受け入れを可能にするよう「寄付行為」（一般の会社の定款に相当）を変更し、社会貢献活動として、奨学生制度の創設を決めた。これが、美知子社主の決断に添って株式の分割を進めるための最初の一歩だった。

評議員の一人で三重県玉城町の元助役から、「なぜ寄付行為の変更が必要なのか、具体的に説明してほしい」という手紙が届いたが、美知子社主の決断内容を伝えるわけにはいかず、「議案書に書かれている通りです」と答えるしかなかった。この元助役は村山恭平さんとも事前に連絡を取っていたと思われる。

テレビ朝日や朝日新聞社との打ち合わせ、国税庁の了解取り付け、取引銀行との調整など、株式譲渡に必要な膨大な準備を秘密裏に終えた後、六月五日に香雪美術館の理事会と評議員会が神戸・御影の村山邸の食堂で開催された。

同美術館が、美知子社主からの朝日新聞社株式の寄付を承認するためには、どうしても欠かせない手続きだった。午前一〇時の開会を前に、理事、評議員らが緊張した表情で集まってきた。村山邸に入るには、西隣の香雪美術館と村山邸を区切る塀に作られた門をくぐらなければならない。この日、私は大阪本社代表の池内氏との打ち合わせ通り、門の内側に立ち、午前一〇時の開会と同時に門を閉めた。

「経営安定のため」

理事会、評議員会が始まって三〇分ほど経ったころ、門を激しくたたく音がした。

「なぜ開けないのか」

こう怒鳴る声で、村山恭平さんとわかった。私は門の閂(かんぬき)を外して開門したうえ、こう懇願した。

「恭平さん。今日だけは、これ以上入ってもらうわけにはいかない。理由は聞かないでほしい」

しかし、恭平さんは村山邸の玄関に向かって歩いていこうとした。村山邸の応接間のガラス窓越しに、心配そうにこちらを見ている池内氏の姿があった。私は「えい、ままよ」と恭平さんに体ごとぶつかった。押し相撲、あるいはラグビーのスクラムのように組み合い、恭平さんを門のほうへ押し返そうとした。

恭平さんも負けじと、私を押し返した。中庭の噴水わき。玄関への通路上での取っ組み合いであった。若い恭平さんのほうが力が強く、私はジリジリと押されていった。

そのとき、恭平さんが突然、組み手を離し、「樋田さん。もうわかった。今日は行きません」と言った。私は「そうですね。では、近くの喫茶店でも行って、話しましょうか」と持ちかけ、二人で御影駅前のケーキのおいしい喫茶店へ入り、約二時間にわたり、どうでもいいような、よもやま話を続けた。

この間に、理事会、評議員会は無事、終了した。これが、恭平さんとの「三度目の対決」だった。なぜ、恭平さんは途中で組み手を放したのか。

ずっと後になって尋ねると、彼は「あの日の数日前、実は伯母（美知子社主）に会ったのです。伯母が持っていた朝日新聞社の株式のことが心配だと話すと、伯母は『あなたは、で～んと構えていたらいいのよ』と言ったのです。その言葉が胸によぎって、ここは伯母に任せようと、ふと思ったのです」と打ち明けてくれた。

香雪美術館の理事会と評議員会が開催された数日後、朝日新聞社、テレビ朝日、香雪美術館がほぼ同時に、朝日新聞社の株式の移動、受け入れについて発表した。

美知子社主も「朝日新聞グループ全体の発展と経営安定のために貢献できればと考えるに至りました」という内容のコメントを発表し、一九五五年（昭和三〇年）前後から半世紀以上にわたって続いてきた「村山騒動」は終息した。

美知子社主は所有する朝日新聞社の発行済み株式三八万株（一一・八八パーセント）をテレビ朝日に売却、三一万九〇〇〇株（九・九七パーセント）を香雪美術館に寄贈した。さらに秋山社長らとの合意に基づいて、翌二〇〇九年暮れまでに朝日新聞文化財団に二万株を寄付し、朝日新聞社従業員持株会に二万株を譲渡、朝日放送にも七万四〇〇〇株（二・三一パーセント）を譲渡した。一方、テレビ朝日の株式五パーセント分を購入して、そのまま香雪美術館に寄付した。

その結果、美知子社主のもとには朝日新聞社の発行済み株式の一一・〇二パーセントに当たる株式、テレビ朝日への株式の売却代金など八〇億円余りの預金、相前後して香雪美術館に寄付した庭園部分を除く約一〇〇〇坪の自邸の土地と家屋敷が残った。美知子社主の妹の富美子さんと甥の恭平さんが持つ八・五七パーセントの株式を合わせても村山家の持ち株は二〇パーセントに届かず、朝日新聞社の経営に深刻な影響を及ぼすことはない株数になった。歴代の朝日新聞社経営陣の宿願が果たされた。

美知子社主は香雪美術館の理事会、評議員会の二日後、心臓ペースメーカーの埋め込み手術を受けるため、大阪市内の北野病院に入院した。

手術の前日の深夜、日野原氏は約束を違えずにやってきた。

北野病院は日野原氏が京都大学医学部を卒業後、研修医として最初に赴任した病院でもあった。日野原氏は病室で美知子社主の様子を見た後、近くのホテルに入り、翌朝、再び北野病院に現れた。同病院の心臓センターのスタッフは病院の玄関に勢ぞろいして、大先輩を出迎えた。日野原氏がそばで見守る中、手術は通常の二倍以上の時間をかけて無事済んだ。私は、手術室のガラス窓越しにときどき、手術の様子を見ていた。

「絶対に失敗はできない」という医療スタッフらの緊張感がひしひしと伝わってきた。術後、美知子社主は数日間入院した。株式の譲渡が公開された後、週刊誌などの取材攻勢が予想されたため、病院の周辺を社員らで警戒したが、とくに動きはなかった。

術後の経過も順調で、美知子社主は元気な様子で神戸・御影の自邸へ戻られた。

どさくさ紛れの遺言書

しかし、資本（村山家）と経営との闘いは、まだ終わっていなかった。

ここから書く話を私が具体的に知ったのは、美知子社主の株式譲渡から四年後のことである。

朝日新聞社の社長だった秋山耿太郎氏らは、株式譲渡の枠組みが決まったところで、美知子社主に遺言書の作成を持ちかけていた。

「譲渡先のテレビ朝日は、上場会社なので、受け入れ手続きが整うまでに時間がかかります。その間に、美知子さんの身に万が一のことが起きると、大変なことになります。遺言書を作っておいていただければ安心です」

こんな言葉で美知子社主を説得した、と秋山氏が後日、私に話した。

このとき、秋山氏は「テレ朝への株式譲渡手続きをスムーズにするためという、どさくさに紛れた感じでの説得だった」とも言っていた。美知子社主は説得を受け入れ、公正証書付きの遺言書作成に同意したという。当初の遺言書の案は美知子社主が持つ朝日新聞社の株式のみを遺贈する内容だったという。その後、書き換えられた遺言書は、美知子社主の死後、朝日新聞社の株式を含めた全財産を「包括的」に香雪美術館に遺贈するという内容になったという。遺言書の執行人は、美知子社主の信頼の厚い、元朝日新聞専務取締役でテレビ朝日会長だった広瀬道貞氏だと聞いている。

香雪美術館は龍平翁が心血を注いで集めた美術品を収蔵するために、長挙、於藤夫妻が一九七三年（昭和四八年）に開設した施設だった。現在は財団法人となっていて、重要文化財一九点、重要美術品二三点を含む約二〇〇〇点を所蔵する。美知子社主にしてみれば、香雪美術館は「村山家そのもの」という意識があり、全財産を美術館に遺贈する遺言書を作成することについて、違和感はなかったのかも知れない。財団法人の理事長は美知子社主が務めており、彼女を支える実務幹部は朝日新聞社からの出向者や元幹部らで占めていた。しかし、朝日新聞社側にしてみれば、新たな資金負担はゼロで村山家の「権力の源」であった朝日新聞社の株式、家屋敷、財産、そのすべてを別組織（香雪美術館）に移すことができる。あとは、香雪美術館の運営体制さえ整えれば、つまり美術館に村山恭平さんを入れない仕組みを整えてしまえば、問題は生じない。秋山社長らは、そう考えたのだと思う。事実、このあと、美術館には役職者選定のための委員会が設けられている。秋山氏は「恭平さんが香雪美術館の理事長になるのは悪夢だ」と語っていた。

それにしても、なぜ、秋山氏らは遺言書の作成にこだわったのか。元々、当時の秋山社長らは全株式の寄付を美知子社主に求める構想で動いていた。美知子社主に残る一一・〇二パーセントの朝日新聞社の株式が将来、相続によって恭平さんに渡った場合、二〇パーセント近い株主となる。そうなる事態を嫌ったのかも知れない。

秋山社長らが、村山家の跡取り候補の恭平さんの悪評を美知子さんの耳に吹き込んでいた。私も結果的に、それに加担していた。美知子社主が恭平さんを信頼せず、香雪美術館を村山家のものと考えていることに着目し、株式と財産を美術館に移してしまう。こうした筋立ての遺言書の作成を発案した人物は誰なのか。私にわかったのは、朝日新聞社内の法務・経理の担当部局からの発案ではなかったのか、というところまでである。

いずれにせよ、秋山社長が決断し、動いた。だが、いまにして思えば、「オレオレ詐欺」にも似た手段で、美知子社主の手から強引に株を取り上げることになったのではないのか。

その一年余り後、「(妹の)富美子と恭平には、まとまったお金を遺してあげたい」という美知子社主の強い希望で、二人に五億円ずつ遺贈するという内容に遺言書は書き換えられたという。この書き換えで、遺言書は美知子社主の意思を明確に反映して作成されたという根拠ができた。つまり、「渡りに船」で、朝日新聞社の関係者たちは前向きに捉えていたと思う。

私の心に生じた葛藤については、次章で述べる。

この年(二〇〇八年)の八月一六日、美知子社主は満八八歳の誕生日を迎えた。大阪・中之島のリーガロイヤルホテルの小ホールを借り切り、米寿のお祝いが盛大に催された。朝日新聞社社長の秋山耿太郎氏をはじめ、元社長の中江利忠氏、元専務でテレビ朝日取締役相談役になっていた広瀬道貞氏、大阪本社代表の池内文雄氏、さらに古澤弘太郎氏、藤木克尚税理士ら美知子さんの側近らが顔を揃えた。美知子社主の妹の富美子さん、その長男の恭平さん、妻のいくさん、主治医の日野原重明氏、美知子社主の幼馴染の小林林之助さんも招待されていた。

祝辞や余興、日野原先生による自作の曲『よき友をもちて』の独唱などに続き、美知子社主が満面の笑みをたたえて挨拶をした。

「皆様のおかげで、私もここまできました。これからも、よろしくお願いいたします。とくに日野原先生にはお世話になっております。これからも日野原先生の言葉を守ってまいります」

朝日新聞社にしてみれば、すべて思う通りに事が運んだ。

六〇〇億の課税をどうするか

私はパーティーの裏方役として奔走した。大阪本社代表だった池内氏の提案で、出席者から五〇〇〇円ずつ集めて美知子社主へのプレゼントを用意することになった。私は、美知子社主が大好きだったオペラ「椿姫」の女性をモデルにしたイタリア・フローレンス社製の陶器の人形を買い求めた。人形は、お祝いの会場で美知子社主の正面に飾られ、喜んでいただくことができた。

このパーティーのために、私は「美知子社主に捧げる歌」を密かに準備していた。しかし、本番で披露する機会はなく、その日の夕、ホテルから戻って神戸・御影の自宅でくつろぐ美知子社主に「実は社主の米寿を祝う歌を用意したのですが、歌いませんでした」と伝えた。

すると、美知子社主は「いまから歌ってくださいな」と微笑みながら言った。私は度胸を決めて、小さな声で歌った。全国高等学校野球選手権大会の歌「栄冠は君に輝く」の替え歌で、「六甲の麓　御影の森で　心清い八十八歳を　今日ぞ祝う　美知子社主いざ　芸術の庇護者となりて　いさぎよし　微笑む未来　ああ栄冠は社主に輝く」という歌詞だった。歌い終わると、美知子社主は目を細めながら拍手してくれ、「ありがとう。嬉しいわ。でも、音程が少し外れていましたね」とおっしゃったのであった。

一年半ほど前に出会ったころには、手に負えない「わがままなお嬢さま」と思っていたはずなのに、美知子社主を称える歌まで作ってしまった。私は、自分でも信じられないほど、美知子社主の魅力に取りつかれてしまっていた。

いったい、なぜなのだろう。多分、彼女の毅然として生きる姿勢、いつも忘れないユーモア、そして朝日新聞社と村山家への一途でまっすぐな思いに深く共感していたのだと思う。最初のころの警戒心やわだかまりは雲散霧消していた。

この章の冒頭で触れた『鈴木敏男・朝日ビルディング社社長の回顧録』をめぐる問題についても書かなければならない。この回顧録は、村山邸の土地が区画整理事業の対象となった際、美知子社主が兵庫県と神戸市の提案を拒否し、わがまま放題を重ねた、と書かれていた。

ところが、村山家側に立って行動した秋山康男氏は「美知子さんは理不尽な兵庫県や神戸市と立派に闘った」と褒め称えているのである。

秋山康男氏はこう振り返る。

「御影の土地が区画整理に引っかかったとき、私は、村山邸の庭部分の地目が山林となっていたことに着目した。兵庫県と交渉する際、『山林という自然の破壊は許さない』と環境問題として捉え、美知子さんも賛同してくれた。私は、自分の家が区画整理事業に巻き込まれて煮え湯を飲まされた経験があるから、美知子さんの怒りがよく理解できた。それで、建築家の丹下健三さんや安藤忠雄さんにも応援を求め、彼らは快く協力してくれた。私が絵を描き、お二人は村山家側に立って県に対して発言した。

区画整理事業で、村山家の土地を公共の道路のために提供するよう求められたわけだが、県の言うままにすると、お屋敷の東側の編笠門をくぐって茶室に向かう小径が全滅してしまう。由緒ある石の壁、土の壁も取り壊すことになってしまう。そのことを丹下さんがわかってくれて、まず土地収用法に基づく強制収用の執行停止をさせた。その上で、交渉が始まった。話し合いの結果、削られる面積は少し減った。石の壁や、編笠門から茶室に通じる小径も残した。丹下さんと安藤さんのおかげだね。この問題では当時朝日新聞社の大阪本社代表だった広瀬道貞氏が尽力した。彼の功績も大きい」

「東側を守ったため、北側の線路沿いの土地は削られた。石を混ぜ込んだ玉塀についても、県側はやめようとしたが、復活させた。西側は弓弦羽(ゆづるは)神社も区画整理の対象になったが、あちらは神社ということで土地の提供は免れた。その分、割を食ったのが、村山邸と香雪美術館だった。朝日新聞社内の関係者の多くは、兵庫県寄りの立場だった。朝日ビルディング社社長の鈴木敏男氏もそうだった。彼は神戸市の言うままだった。区画整理事業があんなに厳格に適用されたのは、全国的にも珍しかった。本当にひどい話だ。あの交渉では、美知子さんはよく粘った。私は、途中で弱腰になるんではないかと心配していたんだが、最後までよく頑張ったと思う」

私が村山邸に通いはじめたころ、美知子社主に頼まれて丹下健三夫妻への礼状を代筆したことがある。区画整理事業の際の協力に感謝する文面だった。朝日新聞大阪本社が後生大事にしていた鈴木敏男・元朝日ビルディング社長の『回顧録』のコピーは、いまも読み継がれているのだろうか。

この章の最後に、村山恭平さんがなぜ、朝日新聞社の経営陣と敵対することになったのか。本人の「弁明」を書く。「資本（村山家）の側から見た朝日新聞社の歴史」をつづるうえで、欠かせない部分である。

恭平さんが株式の問題を考え始めた当時、最も心配したのは、いずれ母親の富美子さん、伯母の美知子社主の所有する朝日新聞社の株をすべて恭平さんが相続することになる可能性についてだった。美知子社主には跡継ぎがいないので、株式を含むすべての財産はいずれ、妹の富美子さん、さらには恭平さんに相続されることになる。その場合、富美子さんの持ち分と合わせ、朝日新聞株の約四五・〇三パーセントを所有する大株主となる。

恭平さんは、相続に伴う税負担の実態を知り、恐怖におののいたという。親族を合わせて一五パーセントを超える持ち株比率になると、相続手続きの際、「支配的な同族株主」とみなされる可能性があり、相続税の計算方法は「純資産価額方式」となることが多い。

つまり、朝日新聞社の資産そのものが相続対象になるため、朝日新聞社の一株あたりの純資産額を算定し、持ち株数をかけた資産が課税対象となる可能性があった。当時、恭平さんが外資系証券会社に依頼して、その方式で見積もってもらうと、一株あたり約八万七〇〇〇円だった。美知子社主、富美子さん、恭平さんの保有分は計一四四万株だったので、ざっと一二〇〇億円の資産とみなされ、約六〇〇億円の納税を迫られる可能性があったというのである。事実、美知子社主が所有する朝日新聞社株をテレビ朝日に売却した価格は一株あたり約六万三〇〇〇円だった。

恭平さんは、こう話す。

「相続対象が非上場会社の株式の場合、その評価は恣意的で、実際問題として予測が困難なのです。総資産の評価がもっと高くなる可能性も十分にありました。とても納税できる金額ではないので、これを避ける手段、方法について、ありとあらゆることを検討したのです。分でも、その検討内容の中に、分社化案はありませんでした。いまから再評価しても、仮に分社する場合、不動産を持つ親会社が編集権を持つ子会社を支配、統治することは避けられないと思います。結局、税法上、かなり特殊な存在の組織（財団法人、あるいは任意団体）を作り、議決権を制限する特殊株などによって買収防衛策を講じるという考え方しかないと思います」

村山恭平さんは、さらに続けた。

「当時の私には、私の提案を朝日新聞社の幹部に直接説明する場がなかった。それで、週刊誌の取材に応じれば、その誌面によって私の思いを伝えられるかも知れないと考えていました」

恭平さんは当時、株の問題を寝る間も惜しんで勉強したという。根が研究者なので、考えた内容を論文のようにまとめていた。

私は、その一部を見せてもらったが、資本（村山家）と経営（会社側）の関係について、

① 経営は資本の安全（株式の価値の保持）に責任を持てるのか
② 資本側（村山家）の円滑な相続に必要な資金を経営側は配当金の形で保証できるのか
③ 新たな大株主（テレビ朝日など）に対しても「資本と経営の分離」を求めるのか
④ 「伝家の宝刀モデル（非常時のみ、資本の大権を行使する）」は成り立つのか

など、あらゆるケースを想定し、資本側と経営側の利害・得失を検討していた。有り体（あてい）に言えば、資本と経営の分離には、相応のコストと制度設計が必要なのに、経営側はそのための努力と出費を怠っていた。ただ、社主家の弱体化（村山美知子社主の高齢化）に乗じる形

で、なし崩し的に「資本と経営の分離＝資本（村山家）が物言わぬ体制」が進んでしまった。その結果、資本と経営の間の緊張関係がなくなった。経営側が弛緩したことによって、二〇〇〇年に週刊朝日が消費者金融『武富士』から名目の立たない資金提供を受けた問題への対応など経営判断のミスが相次いだのではないか。恭平さんは、そう考えていた。

恭平さんは、以下のように結論づけている。

「資本と経営の分離を求める当時の経営側の主張は、資本側（村山家）の一方的な犠牲によってのみ成立する」

このままでは朝日新聞社の株主の立場を継ぐことの意味を見出せない、朝日新聞社の経営の安定ははかれない、とまで書いている。そして、恭平さんは実際に、母親の富美子さんから引き継いだ朝日新聞社の株式のすべてを手放すことになる。

さて、美知子社主の決断によって、彼女が所有していた朝日新聞社株式の分割手続きが完了するのを見届けた後、私は大阪本社代表室と秘書課を離れた。

二〇〇九年春、関連会社の朝日カルチャーセンターに出向し、その一年後に同社の取締役・大阪本部長に就任した。代表室を離れる際、大阪本社代表の池内文雄氏から「もう少しやってくれないか」と言われた。だが、「村山家での私の仕事は終わったと思います」と丁重に断った。もう村山家の仕事に戻ることはない、そう思っていた。

「社主、いろいろお世話になりました。これからもずっとお元気で」

私は美知子社主に御礼と別れの言葉をお伝えし、新たな職場に赴いた。

第一〇章　養子探し

二度目の秘書役

二〇一二年三月、私は秘書課に戻ることになった。再び、村山美知子社主のもとに通う仕事につくためだった。

朝日新聞社常務取締役を退く直前の池内文雄氏から「どうしても戻ってほしい。今度は村山家の養子探しを手伝ってもらいたいのだ」と懇請された。

大阪本社代表は、私と同期入社の横井正彦君だった。その横井君にも会い、「あなたが私を必要だと真剣に考えているのなら、村山家の仕事をする。そうでないなら、私から池内さんに断る」と伝えた。

さらに「村山家の仕事を引き受ける場合、私のライフワークである朝日新聞襲撃事件の取材も認めてほしい」と話した。横井君は「あなたが来てくれると助かる。襲撃事件の取材は、思う存分にしてほしい」と答え、「取り引き」は成立した。私は四月に満六〇歳になり、定年後の契約社員の立場だったが、美知子社主担当の大阪秘書役に就任した。池内氏からは「今回の仕事は美知子さんが天寿を全うするまで続けてほしい」と言われ、腹をくくった。

三年ぶりに村山邸を訪ねると、村山美知子社主は以前とほとんど変わらず、元気で意気軒昂としていた。「また、通わせていただきます」と美知子社主に挨拶すると、笑顔で「よろしくね」との言葉が返ってきた。

当時、社長だった秋山耿太郎氏から「村山家の養子問題」について以下のような説明があった。

「樋田君も知っているように、美知子さんは所有株を手放すにあたって遺言書を書いている。ほぼ全財産を香雪美術館に遺贈するという内容です。あの遺言書は、もちろん美知子さんの意思で作成されたが、テレビ朝日への株の売却手続きが終わるまでには時間を要するので、その間に美知子さんの身に万が一のことが起きたら大変なことになります、遺言書を作っておいたら、安心ですよ、と持ちかけた経緯があります。一方で、美知子さんは村山家を守るために養子を見つけたいという強い希望を持っておられる。だから、遺言書は書いていただきましたが、養子が見つかれば、遺言書を書き換えて村山家は存続できます、というメッセージを送りつづける必要があるんです」

私は、この時の秋山社長の説明で、はじめて遺言書の存在を知った。そして、池内氏から言われていた「村山家の養子探し」の背景を理解した。けれども、その場では驚いたそぶりは見せないようにして、黙って話を聞きつづけた。

秋山社長の説明によれば、私が秘書課に戻った二〇一二年春の時点までに四人の養子候補が浮かび、このうち三人については話が消えていた。

最初の候補は、美知子社主の又従姉妹にあたる筑紫操さんの孫娘だった。

もう少し丁寧に書くと、美知子社主の祖父の村山龍平翁の妹、筑紫小鈴さんの孫娘が操さんで、当時、筑紫家の婿養子で操さんの夫の敬五氏が香雪美術館の館長を務めていたという縁もあった。

筑紫家は、家も村山邸のすぐ近くで、美知子社主はその孫娘がまだ幼かったころの愛くるしい姿を覚えていて、「あの子なら」と期待したのだという。二〇〇九年三月のある日、その少女は美知子社主に会った。当時は、関西の私立高校に通っていた。この「お見合い」には、少女の両親が立ち会ったほか、美知子社主の側近の古澤弘太郎氏、藤木克尚氏、朝日新聞社社長の秋山耿太郎氏も同席した。

父親は当時のことを、こう振り返る。

「養子の話は、畏れ多いことだと最初に思いました。次に、娘の親として色々な懸念が湧いてきたので、後に質問をぶつけました。たとえば、娘を東京の女子大に進学させようと思っていたのですが、村山家に養子に入っても、それが可能なのか。娘が将来、結婚の際などに村山家を出る選択が可能なのか。娘がまだ若かっただけに、色々心配だったのです。しかし、美知子さんの側近という藤木克尚税理士が『いいですか。娘さんは玉の輿に乗るんですよ。そこをわきまえてほしい』というだけで、具体的な回答はなかったんです」

美知子社主も少女に会ったあと、「小さいころの印象とは少し違う」と違和感を持ったといい、この縁組み話は立ち消えになった。

キンシップ・ユニバース

次に浮かんだのは、香雪美術館の理事となっていた細川護熙氏の近親者の女性だった。しかし、このときは、女性の嫁ぎ先の両親の理解を得られず、話が前へ進まなかった。美知子社主も「村山家との血縁関係者ではない」としてあまり興味を示さなかったという。

さらに、美知子社主の父方の従姉妹にあたる小坂旦子(あさこ)さんの孫娘の一人が候補となった。小坂旦子さんは美知子社主と同い年で、夫は政治家の小坂徳三郎氏。三人は若いころから親しく、美知子社主も前向きだったという。二〇〇九年一一月二三日、村山邸で催されたお茶会に祖母の旦子さんや母親と一緒に招待された。しかし、お茶会の当日、出席していた村山恭平さんが、見慣れない三人の女性たちを目ざとく見つけた。恭平さんが旦子さんのところへ歩み寄り、「村山家のことは、すべて私を通してください」と釘を刺すように話したことで、この縁組みも頓挫(とんざ)した。

「ややこしい話に巻き込まれたくない」

旦子さんは親しい親戚に、そう漏らしたという。

その後、小坂家と縁戚関係にある青年にも白羽の矢が立ち、私が大阪秘書役になったあと、この青年がお茶会に招かれたが、美知子社主は興味を示さなかった。

「樋田君。美知子さんも徐々に歳を重ねておられる。次の候補がもう最後になるかも知れない。これまでの経験でわかったことは、美知子さんとどんなに薄くても血が繋がっていないと難しいということだ。候補者をリサーチしてくれないか」

秋山氏は、こんな言葉で私に新たな任務を与えた。

私は、秋山氏から「養子探し」の前提として聞いた、遺言書作成の話にショックを受けていた。先代から受け継いだ株式を三分割することに、あれほど迷いつづけた美知子社主が、自分の代でほぼすべての財産を香雪美術館に譲渡するという決断をそう簡単にするはずがないと思ったのである。

有り体に言えば、老齢となった美知子社主を言葉巧みに籠絡(ろうらく)し、株式を含めた財産の大半を香雪美術館に遺贈することを納得させたのではないのか。これでは、朝日新聞社の当初案と同じく、資本（村山家）が経営に譲歩しすぎではないのか。これがショックの理由であった。

とはいえ、私には、村山家の跡取りとなる恭平さんへの不信感もあった。もし、適当な養子を見つけることができれば、村山家が存続し、美知子社主の願いに沿うことにもなる、と思い直した。「実は、香雪美術館が突出した大株主になることは必ずしもよくないと私は思っている。一〇パーセント程度の株を持った創業家が存続したほうが、バランスがいい。経営へのチェック機能も働く」という秋山氏の追加説明にも、説得力を感じた。
養子話を成功させることが、美知子社主の「株式三分割の決断」に報いるための唯一の選択肢なのだ――私はそう考え、美知子社主のお世話役をしながら、養子捜しに奔走しはじめた。

私はまず、村山家を中心とした親族関係図を作成することにした。大学時代、家族社会学の研究室にいて、「キンシップ・ユニバース」と呼ばれていた、親族関係図を何十枚と作成していた。その手法を思い出しながら、美知子社主の親族の中で話を聞けそうな人たちを訪ねた。

最初に会ったのは、美知子社主の従姉弟の小林正世さんだった。実は正世さんには二〇〇九年春にも会っていた。大阪本社代表だった池内文雄氏の依頼を受け、簡単な親族関係図を作るためだった。その時は詳しい理由は聞かなかったのだが、提出した資料は「養子探し」に活用されていたのだと思う。そして三年後、「養子探し」が私自身の任務になってしまったのである。

小林正世さんは美知子社主の父、長挙さんの実弟・長世氏の長男だった。それだけでなく、長世氏と妻の多加さんの二人は、村山龍平翁の妻・萬寿さんの両親、小林禎蔵氏と貞子さんの養子に入り、小林家を継いでいた。龍平翁が小林家の一人娘を妻に迎えたため、跡取りがいなくなった義父母を気遣い、娘婿である長挙さんの実弟・長世氏に小林家を継いでもらったという二重の縁戚関係があった。

正世さんはいまも、「マルニ」という各種の塩の製造販売会社の社長だが、そのかたわら、京都府八幡市にある「飛行神社」の代表役員を務めていた。この飛行神社は日本で最初の人力飛行機の発明に心血を注いだ二宮忠八が創建した神社で、やはり航空機の開発や航空事業に熱心だった朝日新聞社と浅からぬ縁があった。

「マルニ」の本社は、阪急梅田駅の近くにある。三年前にはじめて会った時と同じように、「香雪美術館に村山家の歴史や功績をまとめる資料室を作る準備を進めています。そのために、村山家を中心に広がる親族の関係図を作成したいので、ご協力をお願いしたい。三年前の続きです」と切り出した。

小林正世さんは「ご協力します。ただ、今回は小林家と村山家の関係について、私のほうからあらかじめ説明させていただきたい」として、以下のように続けた。

「小林家はもともと、神戸・御影の村山邸のすぐ近くにあったのです。私の父、長世と村山長挙さんは一〇人以上いた兄弟姉妹の中でも特に仲が良く、長世は村山家にしょっちゅう出入りしていました。私も子供のころ、村山邸の広い庭を駆け回って遊び、年上の従姉弟の美知子姉さんとも仲良くさせてもらっていたのです。ところが、あるとき、事情は言えないのですが、長世と於藤さんとの関係が険悪になり、ついには両家の間が絶交状態になってしまったのです。この状態が長く続いたのですが、小林家も村山家も代替わりし、私の代になって両家の関係がやっと復活したのです。そこのところを、最初にご理解いただきたい」

正世さんによると、関係が復活しはじめたのは、正世さんが社長を務めるマルニが売り出した加工塩「エンリッチ塩」の販売が好調で、朝日新聞の広告や朝日放送のコマーシャルに度々出るようになったのがきっかけだった。二〇〇〇年一月、朝日新聞大阪本社の広告局が主催する新春パーティーに招待され、その会場で来客らと挨拶を交わしていた美知子社主と出会った。

「美知子お姉さん、久しぶりですね」

正世さんが声をかけると、美知子社主もにこやかに言葉を返してくれたという。感激した正世さんは、この年、自身が世話役をしていた岡部家の「いとこ会」に美知子、富美子の姉妹を招待した。旧岸和田藩主の家系である岡部一族が一堂に会する場で、美知子、富美子姉妹も快く応じた。当日、出席者は約四〇人にのぼった。

「村山姉妹は実に艶やかだった。特に美知子姉さんは、気品があり、他を圧する雰囲気がありました。出席したみんなが『美知子さんはすごい』と話し、憧れの存在になっていました」

正世さんは会の記念写真を見ながら、懐かしそうに話した。

私は、その後、マルニ本社を度々訪れるようになり、「親族関係図」が次第に出来上がっていった。

旧華族の血縁者

私が次に訪ねたのは、岡部家から三井宗家の一つに嫁いだ三井栄子（さきこ）さんの孫だった。会った場所は東京・日本橋の旧三井信託銀行本店に併設された三井本館の一室である。正世さんの助言を受けながら作成した「親族関係図」を見せ、三井家の周辺の余白を埋めていった。

「岡部家っていうのはすごいですね。親族の中に、三井宗家も三菱宗家の岩崎家も、神戸の川崎財閥や信州の小坂財閥も、それに皇族の常陸宮妃華子様までおられる。いとこ会は華やいだ雰囲気になると聞いています」

私が、そう水を向けると、孫に当たる人物は「そうですね。でも、皆さん年老いて最近は思うように集まれないんですよ」と答えた。

さらに、私は岡部家に連なる小坂旦子、徳三郎夫妻の長女、五十嵐昌子（よしこ）さんを訪ねることにした。夫妻には三人の娘がいて、そのうちの一人の孫娘の養子話が立ち消えになったことは前述した通りだ。しかし、村山社主が小坂家に好印象を持ちつづけていることがわかり、小坂家の関係者で養子候補を見つけることができれば、と密かに考えたのだった。

二〇一二年九月、横浜市内の閑静な住宅街にある五十嵐家をはじめて訪ねた。昌子さんの亡夫は著名な昆虫学者で小説家でもあった五十嵐邁（すぐる）氏。

昌子さんは夫が元気なころ、夫婦で昆虫を求めて、とりわけ変わり種の蝶を求めて世界各国を回っていた。「美知子社主にお仕えしている秘書です」と名乗ると、歓待してもらった。もちろん「村山家を中心とした家系図作り」にも協力してもらった。何度か訪ねるうち、私が村山家の養子候補を探しているという事情について、昌子さんが知っているのではないかと思うようになった。しかし、昌子さんはその話題にはまったく触れず、夫の思い出などを楽しそうに話しつづけた。二〇一一年八月には、昌子さんは夫の遺志を継いで、「幻の蝶・ブータンシボリアゲハ」を求めてブータンの秘境の探検隊にも加わり、発見から七八年ぶりに生態の撮影に成功していた。

私は昌子さんに「一度、村山邸に来られませんか。社主が大歓迎されますよ」と誘ったこともある。

「美知子さんのことは尊敬していますし、とても素敵な方だと思っています。でも、密かにお慕いしている、ということにさせてくださいな」

昌子さんはやんわりと、しかし、はっきりと断った。おそらく、母親たちが村山邸を訪ねた際の顛末を人づてに耳にしていたのだと思う。

岡部家の末の子息で、終戦時に昭和天皇の侍従だった岡部長章氏の長男、岡部長興氏（故人）にも会った。長野県のリゾート地区で自然を守る市民運動に取り組んでいる人物だった。戦後、香雪美術館の理事長を務めた父・長章氏の思い出話などを伺った。

長興氏は、

「岡部家は貧乏貴族です。名家の血筋であることを最大限に活用して資産家へ子どもたちを送り出すことが生き延びる手段だったんです。結局、岡部の姓を継いだのは長影と長章の二人だけで、残りの兄弟姉妹はすべて別の名字になっています」

と話した。岡部家を中心とした華麗な親族関係の別の一面に触れた気がした。

私は、こうして村山家の養子探しに伴う情報収集や打ち合わせを重ねるかたわら、出張などの機会を活用して、朝日新聞襲撃事件に関連する右翼取材などを秘かに進めていた。二足のわらじを履く生活は二〇一七年暮れに退社するまで続いた。

調査を始めて半年後の二〇一二年秋、「親族関係図」はほぼ完成した。私は、社長を退いて会長になっていた秋山耿太郎氏宛ての報告書を用意した。岡部家には計一二人の子供がいて、早逝した人もいるが、多くは嫁ぎ、あるいは養子に出るなどしているため、B４判の用紙が三枚必要なほどの大きな図になった。私は、秋山氏に親族関係図を見せながら、三つの家族グループに養子候補がいそうであることを説明した。

秋山氏は「この三つの家族グループの中では、やっぱり岡部本家だね。岡部本家に連絡を取ってもらうことにしよう」と私に指示した。

二〇一三年の年明け、私は岡部本家の跡取り、岡部長忠氏に電話した。「会うだけは会ってもいい」ということになり、一月一〇日、秋山氏に付き添って、岡部長忠氏と会った。会場として指定されたのは、東京・霞が関にある霞会館だった。霞会館は旧華族でつくる団体で、霞が関ビルの三四階のワンフロアを占めていた。皇居を眼下に眺める窓際の席に案内され、秋山氏と長忠氏が相対すると、秋山氏が口火を切った。

「村山美知子さんは子どもがおらず、養子を探しておられる。できれば、岡部本家からお願いしたい。たとえばご子息はいかがでしょうか」

長忠氏は「うちの息子は無理だ。しかし、岡部家の中で探してみることにやぶさかではない」と答えた。

一週間後、岡部長忠氏から私にメールが届いた。

「私の近親者の山形長政さん（仮名）に相談したところ、前向きな感触を得た。次回は山形さんと一緒にお目にかかりたい」

二月一〇日、秋山氏は岡部長忠氏、山形長政氏の二人に会った。私も同席した。会場は前回と同じ霞会館だった。

山形氏は、こう切り出した。

「私がワンポイントで美知子さんの養子に入ってもいい。私には娘がいる。嫁いでいるが、嫁ぎ先の親の了解を得て、村山家の養子に入ることは可能です」

秋山氏も「それはありがたい。一度、皆さんで神戸・御影の村山邸にお越しいただき、美知子さんにお会いいただきたい」と応じた。

秋山氏は大阪に戻って、美知子社主の側近の古澤弘太郎氏に相談した。古澤氏は秋山氏にこう話したという。

「いいお話ではないか。ただし、山形さんご本人は養子としては年を取りすぎている。やっぱり娘さん一家に村山家に入ってもらうということではないのか」

もう一人の側近の藤木克尚氏も古澤さんの意見に賛成した。

数日後、私は古澤さんに会ったところ、こう頼まれた。

「山形長政さんに出す手紙の原案を書いてくれませんか。娘さんの家族に来てもらわないと、村山家を守ることにつながらない、という趣旨をやんわりと伝える文面にしてほしい」

私は「私の立場で代筆などできません」と断ったが、古澤さんから「私も年をとって、なかなか思うように手紙が書けないんだ」と懇請され、仕方なく書くことにした。翌日、パソコンで作成した文案を持って再び会った。「参考にしていただければ」と文案を差し出すと、古澤さんは「よく書けている。このまま使う」と話した。古澤さんは私が印字していたパソコンの文の最後部に手書きで署名して、その日のうちに郵送したという。

五月五日、山形長政氏の家族六人が揃って、神戸・御影の村山邸へやってきた。長政氏、その妻、娘の岩手聖子さん（仮名）、その夫の岩手勉さん（仮名）、岩手さん夫婦の長女の真弓ちゃん（仮名）、次女の望結ちゃん（仮名）の六人だった。

「もの言う株主」の退場

その前日、私は美知子社主に「岡部長忠さんと山形長政さんのことを覚えておられますか？」と尋ねた。すると美知子社主は「タダちゃんとマサちゃんでしょ。覚えていますとも。まだ小学生のころだったと思うわ」と目を細めて、昔話を語り出した。

一九四五年（昭和二〇年）四月、岡部家の屋敷が東京大空襲で焼け出されてしまった。途方に暮れる岡部家の人たちのために、村山家当主の長挙さんは伊豆の別荘を疎開先として提供した。戦後間もなく、美知子さんが別荘を訪ねた際、タダちゃん、つまり長忠さんが、お弁当のおかずの一つ一つについて、「おばちゃん、これは豆腐で、大豆でできているんだよ」などと説明してくれたといったエピソードを披露した。

当日、美知子社主は六人の客を歓待し、「お見合い」は滞りなく終わった。その後、六人による村山家訪問が二〜三度続き、養子候補として絞られた岩手ファミリー四人の訪問へと変わった。

岩手ファミリーの四人による御影訪問は、一〜二ヵ月に一回のペースで続いた。当時、幼稚園に通っていた真弓ちゃん、望結ちゃんはとても愛くるしく、美知子社主も楽しそうに相手をしていた。岡部本家で美知子社主の義理の従姉妹にあたる岡部綾子さんも健在で、美知子社主は「アヤちゃん」との思い出話も楽しんだ。毛利本家から嫁いできた綾子さんと美知子社主は同い年だった。

岩手さん一家による神戸・御影への訪問が続く中、二〇一三年秋に村山恭平さんと母親の富美子さんが所有する朝日新聞社の株式を売却する話が大きく進展した。その半年ほど前に、恭平さんからの売却希望が会社に伝えられ、朝日新聞社側が売却先として凸版印刷と朝日新聞社従業員持株会を紹介することになったのである。

当時、恭平さんは朝日新聞社の株式の五パーセント、富美子さんは三・五七パーセントを所有していた。恭平さんが持つ株式のうち四パーセント分を凸版印刷に譲渡し、その後、残り一パーセント分を従業員持株会に譲渡する。富美子さんの持つ三・五七パーセントはすべて従業員持株会へ譲渡するという案が用意された。従業員持株会へは、一般社員が譲渡する際と同じ一株あたり一六〇〇円の「定価」で、凸版印刷へは時価評価額での譲渡となった。

このとき、恭平さんは朝日新聞社側の要請を受け入れ、「今後、朝日新聞社の社主家問題などに一切関わらない」という趣旨の誓約書を提出した。恭平さんは前章の最後で書いたように、朝日新聞社の株主、さらに社主になることに見切りをつけた。もっと言えば、朝日新聞社の将来についても、彼は見切りをつけていたのだと思う。

朝日新聞社側にとっても、村山家をめぐる心配の元を断つことができたとして、当時の木村伊量社長や持田周三大阪本社代表は安堵した。木村社長は翌二〇一四年夏に起きた従軍慰安婦や福島第一原子力発電所をめぐる「誤報」問題への対処をめぐって批判を受け、辞任している。その三年余り後の二〇一八年初め、『文藝春秋』二月号に社長退任の経緯について釈明した一文を寄稿したが、その中で、以下のことを書き添えている。

「新聞社のトップがまず心すべき編集権の擁護とは、ときの政治権力や資本（大株主の創業家など）の介入を防ぐことです（詳しくは申せませんが、この点では社長時代に思いきった環境整備をはかりました）」

カッコ内も木村氏の記述のままで、「思いきった環境整備」と木村氏が書いたのは、村山恭平さんの株式売却を実現させたことを指していると思われる。恭平さんは株式を所有していた二〇一三年まで、「物言う株主」として朝日新聞社の毎年の株主総会で発言していた。彼の質問内容を事前に聞き取り、経営陣に伝えるのが私の仕事だった。「資本と経営」の問題、朝日新聞社の株式の価値が市場価格と従業員持株会の取引価格の間で大きく乖離している問題などをめぐって、ユーモアを交えつつ、社長をたじたじとさせる鋭い質問が度々あった。私自身は、あの質問がなくなることに率直に言って一抹の寂しさを感じた。そのことをここで正直に書かせていただく。

恭平さんと富美子さんが朝日新聞社の株式を手放した翌年の二〇一四年春、富美子さんは長年務めた朝日ビルディング相談役を退いた。この退任は、同社の親会社の朝日新聞社が協議した結果だった。

富美子さんは、若いころの海外留学、結婚、村山騒動への対処なども含め、自身の思い通り、自由に生きた。

「短気でわがままなところもあったけど、私の家族に干渉せず、大事にしてくれた」と恭平さんは言う。晩年には、恭平さんに連れられて神戸・御影の村山邸をときおり訪ね、姉の美知子さんと歓談し、子どものころを懐かしんだ。

富美子さんは二〇一七年（平成二九年）四月二九日、恭平さんとその家族に見守られ、九一歳で亡くなった。

話が違う

さて、恭平さんらの株式売却は、村山家と岩手ファミリーの養子縁組に微妙な影響をもたらした。朝日新聞社経営陣の安堵感を鋭く感じ取った秋山耿太郎氏が、養子話をまとめる熱意を徐々に失っていくのである。

美知子社主の「一番の側近」と自他共に認めている古澤さんは、岩手さんの家族をとりわけ気に入っていた。私は京都市北部の山裾に広がる静市静原地区にある古澤氏宅を何度も訪ねたが、美知子社主への思慕の念に接し、胸を熱くしたことが度々だった。元気なころは、高齢をおして神戸・御影の村山邸を月に二回、訪ねていた。その度、美知子社主に「岩手さん一家をぜひとも養子に迎えていただきたい。またとないご縁です」と強く勧めていた。

その古澤さんが肺がんを患い、二〇一四年五月に亡くなった。亡くなる一〇日前、古澤さんは入院先の京都市内の病院の主治医に頼み、酸素吸入器を付けた状態で、ベッド付きの車で村山邸を訪ねた。私も同席した。

「今日は、美知子さんとお別れに来ました。これまで大変お世話になりました」

「私こそ、いろいろ助けてもらいました」

美知子社主は涙ぐみ、古澤さんの頬にも涙が流れていた。二人は若かったころの思い出を語り合い、笑い声も聞くことができた。最後に、古澤さんは、長年預かっていた村山家の金庫の鍵を返した。そして、こう話した。

「私の最後の願いは、美知子さんが岩手さん家族を養子に迎えることです。岩手さん夫妻は信頼できます。村山家がこれで存続するのです」

文字通り、命を懸けての訴えだった。美知子社主は、古澤氏の絞り出すような声に、じっと聞き入っていた。

古澤弘太郎氏は、側近とされる人たちの中で、村山家の養子探しに最も熱心だった。

美知子社主が書いた、ほぼ全財産を香雪美術館に遺贈するという遺言は応急的、過渡的なものであって、美知子社主が所有する朝日新聞社の株式（全株式の一一・〇二パーセント分）と家屋敷は村山家の養子が相続すべきものだと考えていたのだと思う。「岩手さんが養子に決まれば、遺言書を書き換えていただくことになっている」と、古澤氏は私にも話していた。美知子社主の所有株式への対処をめぐる朝日新聞社の当初案、つまり「全株式を文化財団に寄付する」という案について、古澤氏は「資本（村山家）が経営（会社）に譲歩しすぎだ」と主張し、美知子社主を説得して会社案をひっくり返させた人物だった。古澤氏は、その姿勢を最後まで貫こうとした。

しかし、同じ側近の藤木克尚氏は「彼は前のめりすぎる。そんなにうまく事は運ばない」と冷ややかで、私にもそのような感想を話していた。

一方、秋山耿太郎氏は「美知子さんの意向だ」として、「養子に入るためにしていただくこと」を岩手勉さんに伝えていた。

まず、村山家の「お茶」である藪内流の作法を身につけること。次に、村山龍平翁の出身地の三重県玉城町を訪ねていただくこと。さらに朝日新聞社の歴史を勉強すること。岩手さんは素直に従い、関東地方の勤務先から京都市内の藪内流家元のところへ何度か通い、茶会で振る舞うための初歩的な作法を学んだ。玉城町にも足を運び、村山家の墓や村山龍平記念館などを見学した。

二〇一四年の八月末、岩手さんたちの一五度目の訪問の前後から、美知子社主は「岩手さんの家族を養子に迎えたい」とはっきりおっしゃるようになった。古澤さんが亡くなって三ヵ月を経たころである。美知子社主は、あの株式の譲渡を決めた時と同様に、安堵した表情を見せた。私は、美知子社主が村山家の当主として最後の大事な決断をした、責任を果たそうとしているのだと受け止めていた。

美知子社主は、秋山耿太郎氏にも以下のように話し、明確に意思を示した。

「岩手さんは、私からお願いしたわけでもないのに、藪内流のお茶を学び、玉城町にも行ってくれました。このお屋敷の緑を守るし、祖霊舎のお参りも毎日します、と私に言ってくれました。養子に来るつもりのようですね。私もそうしたいと考えています」

あとは、養子縁組の届けをいつ役所に出すかの問題だけだ。私はそう思っていたのだが、側近の藤木氏から、こんな注文がついた。

「養子は認める。しかし、御影のお屋敷には住まず、土地と一緒に香雪美術館に寄付してもらいたい」

秋山耿太郎氏は当初、「私は御影のお屋敷に岩手さんたちが住んだらいいと思う。誰も住まない家は、すぐに傷むからね。藤木さんはそうは考えていないので、なんとか説得する」と話していた。しかし、次第に雲行きが怪しくなり、藤木氏の意見に同調するようになった。

私が藤木氏に直接真意を尋ねると、こんな答えが返ってきた。

「岩手さんの代は問題が起きないかも知れない。しかし、次の代、次の次の代になれば、お屋敷を売ってマンションが建ってしまうかも知れない。それでは、村山家のお屋敷を守れなくなる。お屋敷を守るために必要なのだ」

藤木氏の意向を伝えると、岩手さんは「おば様のご希望であれば、従います。しかし、そうでない人の指示には従えません。私たちは自ら希望したのではなく、皆さんに頼まれておば様のところに通っています。私たちを信頼できないと言われるのなら、なぜ私たちに声をかけたのでしょうか。理解に苦しみます」と拒否した。一方で、岩手さんは「私たちが養子になる際に、将来もし家屋敷を手放すことになったとき、香雪美術館に優先して売却するという誓約書を提出することは可能です」とも付け加えた。

藤木氏も秋山氏も、岩手さんの回答に納得しなかった。

二人は美知子社主に何度も会い、「岩手さんの家族が養子に入られる場合、御影のお屋敷は美術館に寄付するようにおっしゃっていただきたい」と懇願した。しかし、美知子社主は「村山家を継いでもらうのだから、一緒に住んでもらうのが当然です」と取り合わなかった。

　二人は引き下がらず、養子縁組の具体的枠組みを岩手氏と話し合うため顧問弁護士が必要だと美知子社主に懇請した。弁護士を介して、財産の振り分けを提案し、家屋敷を美術館に寄付してもらう、という「遠回り」の作戦だったようだ。しかし、美知子社主は「こういうことは弁護士が入って、法律でどうこうするものではありません。双方の得心が得られるかどうかです」と言って、取り合おうとしなかった。秋山、藤木両氏が「美知子さん、今日も我々の負けです。また、あらためて」と言って席を立つことが繰り返された。

　この前後、秋山氏は単独で岩手さんに会い、「ボールは美知子さんのところにある。あなたが美知子さんの養子に入れば、朝日新聞社の社主となる可能性があるので、社主になるための勉強もしていただかないといけない」と、新たな注文をつけた。岩手さんは秋山氏に「私たち夫婦はドラえもんの何でも出てくるポケットは持ち合わせていません。あっという間に時間が過ぎて、何もできないまま終わってしまうのが心配です」と反論したという。

　一方で、私にこんな不満を打ち明けていた。

「養子になるための課題が次々に出されてきます。これでは結論が先送りになるばかりです。私たちは秋山さんから『村山家の養子になってほしい』とお願いされた立場だったはずなのに、いつの間にか、『私たちを養子にしていただきたい』とお願いする立場になっているように感じます」

　当時、私は養子話を前に進めるため、秋山耿太郎氏や岩手さんと頻繁にメールのやり取りをしていた。秋山氏らが美知子社主に会った際の会話内容も秋山氏からメールで報告を受けており、口頭でのやり取りも含めて、ここまでの経緯はできる限り正確に再現したつもりである。

岩手さんの家族による村山邸訪問は二〇一三年の五月以降、計二〇回近くに及んでいた。一～二ヵ月に一度、幼い娘さんたちを連れて、北関東の自宅から新幹線や在来線を乗り継いで通ってきた。美知子社主への心のこもった手土産、美知子社主に見せる家族写真、岡部家と村山家を結ぶ話題などを用意していた。

村山家は岩手さんたちに新幹線の切符などを送っていたが、それ以外の援助らしいことはしていない。岩手さんの家族の、美知子社主に心を尽くそうという姿勢には、頭が下がる思いだった。

しかし、二〇一四年の秋が深まったころ、養子の際の家屋敷をめぐる問題で膠着(こうちゃく)状態が続くうちに、美知子社主の体調が急激に悪化した。闊達(かったつ)に話される時がある一方で、言葉の意味を聞き取りにくい日もあり、意識レベルが不安定になった。朝もなかなか起きられない日が続いた。そんな時は、私が岩手さんたちの来訪の日が決まったことを伝えても、美知子社主は沈み込んだような表情を見せ、「その話は、皆さんに歓迎されていません」と自身に言い聞かせるようにつぶやいた。

私は残念でならなかった。村山家存続のためにどうしても養子を見つけたい。そう熱望していた美知子社主の思いを汲んで、ここまで頑張ってきた。だが、その思いを遂げていただくことが困難になりつつある。

私は何もできない自分自身がもどかしかった。行く手を阻んできたあらゆるものに怒りさえ覚えた。

あと三年早かったら

二〇一五年の年明け。

私は悩んだ末、岩手さんに「社主と会う際、ビデオカメラを回して、養子のことを確認されてはどうか。私は立場上、お手伝いはできませんが」と提案した。一月三一日、岩手さん夫妻は二人で協力し合い、美知子社主とのやり取りを映像に収めた。この日、美知子社主は朝から元気だった。カメラを前に「あなたたちを養子に迎える」とはっきり話した。この映像は、朝日新聞社の渡辺雅隆社長にも見せた。渡辺社長も「うん。間違いなく、社主は岩手さん家族を養子にしたい、とおっしゃっていますね」と話していた。

しかし、秋山、藤木両氏は「樋田が暴走し、ビデオカメラまで回して岩手一家を強引に養子にさせようとしている」と猛反発した。側近たちと朝日新聞社の幹部らの会議を開き、私にも出席を求めた。会議では、私の業務を「大阪秘書役の本来の仕事に限定する」ことが決まった。秋山氏は私に、以後、村山家の養子問題及び執事的な仕事はしないように申し渡した。

この会議で、秋山氏から「暴走」を批判された私は「養子問題をまとめるように指示したのは秋山さんです。私は秋山さんの指示に従ったのです」と強く反論した。そして「養子問題を沙汰止みにするなら、岩手さんとご家族に、どう対処されるのでしょうか」と尋ねた。秋山氏は「岩手さんには私が会って、丁寧に事情を説明する。慰謝料的なものとして、数百万円のお金も用意する」と話した。

しかし、秋山氏はいずれについても、実行しなかった。岩手さんの家族は、何の配慮もされないまま、捨て置かれた。

私も、秋山氏や藤木氏の言うように、岩手さんに村山家の家屋敷を美術館に寄付するように説得すべきだったのかも知れない。しかし、岩手さんの主張のほうが、筋が通っていた。筋を曲げるような説得は、私にはできなかった。

秋山氏は、こんな言い方もしていた。

「村山恭平さんが朝日新聞社の株式をすべて売却したことは知っているよね。朝日新聞社にとって、村山家の問題は解決しており、養子についての関心も薄れている。そういう流れにあることを君も理解すべきだ」

恭平さんの株式売却と養子問題の間に直接の関係はない、と私は思う。しかし、秋山氏が「朝日新聞社の社員として行動しろ」と、私に苛立っていることはわかった。このとき、私は「社員としては一線を越えてしまったのかも知れない」と自覚した。とはいえ、私は会社のロボットでもなければ、奴隷でもない。岩手さんの一家との窓口役を務めてきた人間として、最後まで誠実に対処することだけを考えていた。

資本の論理で言えば、朝日新聞社側は当初から、村山家の養子問題には関心がなかった。美知子社主に「全財産を包括的に香雪美術館に遺贈する」という内容の遺言書を書いてもらえば、それで十分だったのだ。私は上京した際などに、養子問題の進行状況を説明するため、経営幹部や法務担当者らと会う機会があった。その度に、彼らのドライな空気を強く感じていた。

「秋山さんたちが村山家の養子問題に取り組むのであれば、それなりの法的なサポートはしましょう。でも、その取り組みが頓挫したのなら、そのほうが好都合です」

そうはっきり話す幹部もいた。

「樋田の暴走」という話は、朝日新聞社幹部のＯＢの一部にも広がっていた。私を美知子社主のお世話役に推薦した元大阪本社代表の池内文雄氏も、すでに一線を離れていたが、わざわざ大阪に来て、明るい声でこう慰めてくれた。

「樋田君。江戸時代だったら、君は藩命により切腹だったね。でも、いまの時代、切腹はないから、まあ、安心したまえ。元々、養子話は美知子さんの気持ちを慰めるためで、うまくいかなくてもいい。美知子さんの年齢を考えても、いずれは消える話だったんだ。それが美知子さんも相手側も乗り気になって、予想外の展開になりかけた。それが、また元に戻った。そう考えればいいんだ」

池内氏が私を心配してくれていることは、よくわかった。ざっくばらんな説明の仕方も、私は嫌いではなかった。そう言えば、私が関わった問題は時代小説のお家騒動に似ているのかも知れない、と合点したことも確かだが、かといって、それで考えを改めたわけではなかった。

美知子社主が秋山耿太郎氏や藤木克尚氏の反対を押し切り、「私が岩手さんを養子に決めたのだ」と押し通すことはできたかも知れない。けれども、美知子社主は幼いころから、朝日新聞社の創業家の跡取りとして、社主家を継ぐ者として育てられ、帝王学を身につけていた。自己主張を抑え、周囲に気遣うという生き方である。「岩手さんを養子にしたい」と決めた際、秋山氏や藤木氏らに祝福されると期待したのに、結果は予想外の反応で、家屋敷の美術館への寄付などの条件までつけられた。美知子社主は戸惑い、決断ができないまま、体調が悪化し、養子問題が進展する可能性が消えた。大事な時に、古澤弘太郎氏が亡くなっていたことも響いた。美知子社主の側近と言われていた人々の中で、美知子社主と村山家のことを心底思っていたのは古澤氏だけだったと私は思う。

あるいは、もう三年早かったら、美知子社主は気力も充実していて、万難を排して岩手さんを養子に迎える決断をされていたかも知れない。二〇一四年の秋から二〇一五年の年明けにかけて、美知子社主の認知・判断能力は不安定となっていた。意識レベルが日によって大きく変わり、まだら模様を描く中で、お元気なうちになんとか養子話がまとまればと願っていたのが実情だった。

『ペンタゴン・ペーパーズ』の女性社主

私は、資本と経営の関係のあるべき姿について、私見を述べる立場ではないかも知れない。しかし、美知子社主が最後まで所有し、養子になった場合の岩手さんに引き継ぐ可能性のあった一一・〇二パーセントという持ち株比率は、オーナー家が所有する株式として妥当な水準ではないかとずっと考えていた。

米国でニューヨーク・タイムズ社のオーナー家の若き当主、アーサー・グレッグ・サルツバーガー氏が同社のデジタル化を牽引しているが、同氏の持ち株比率は一七パーセントとされている。株式会社の制度の中で、株主総会招集権など幾つかの権利は持つが、普通決議を阻止する二分の一、特別決議を阻止する三分の一（三三パーセント）には及ばない。経営陣から見て、脅威ではないが、無視はできない水準。それが一〇パーセント前後の株式所有なのではないかと考えていた。

創業家が一定の株数を保持することで、信頼関係と同時に緊張関係も保つ。株による支配ではなく、権威と見識によって経営陣と良好な関係を築く。とくに言論機関は、政府や大企業、あるいは世論などの圧力に常にさらされ、「言論の独立の維持」が何よりも求められる。経営陣と創業家（オーナー家）が相携える体制は、言論の危機に際して有効に機能するのではないか。

米国映画『ペンタゴン・ペーパーズ』では、ワシントン・ポスト紙の女性オーナー、キャサリン・グラハムさんがベトナム戦争の秘密報告書を記事化する編集局長を支え、ニクソン政権と闘う姿が描かれていた。朝日新聞社でも、ありえた未来の一つだったと思う。

美知子社主が岩手さんを養子に迎える決意を固めはじめたころ、大阪本社代表だった持田周三氏が岩手さんに会い、開館に向けて工事中だった中之島・香雪美術館の副館長のポストを用意したい、と伝えたこともあった。岩手さんは理系大学の出身で、ＩＴに詳しく、「展示内容のデジタル化に貢献できるかも知れない」と意欲的に話していた。

リスクを背負って起業し、成功した創業者に連なるオーナー家は日本中の至る所に存在している。しかし、朝日新聞社の経営陣はかつての「村山騒動」の影に怯え、社主家との健全な関係をつくる機会を失ってしまった。遺言書の作成を促して美知子社主の持つ全株式を香雪美術館に移し、社主家を実質的に消滅させる。経営側が主導してきた、一連の経緯自体が、言論機関としての朝日新聞社の社会的信用を傷つけることになるのではないか。

私は、養子問題から離れた後、何をすればいいのか。悩んだ。

そして、元大阪本社代表の池内氏が二〇一二年の春、秘書課に戻る私に望んだように、美知子社主が天寿を全うするまで見届けること、美知子社主の人生を記録に残すことを、心の中で決めた。そして、養子問題や株式問題を含めた村山家と経営陣の確執、資本（株主）と経営の関係についても、歴史として書き残したいと考えるようになった。幸いに、美知子社主の体調管理は「大阪秘書役の仕事」のうちに含まれていたため、私は折に触れ、美知子社主を取り巻く様々な人たちに会い、記録するようになった。

養子話が潰えた数年後、私は朝日新聞社襲撃事件の現場となった阪神支局（兵庫県西宮市）での追悼集会の席で、秋山耿太郎氏が社長だった当時に社長付きの秘書役だった一人と顔を合わせた。

彼は秋山社長に同行して神戸・御影の村山邸を度々訪ねており、信頼の置ける人物だった。聞かれるまま、村山家の養子問題の経緯について話すと、「それは許せない。岩手さんの家族と美知子社主を愚弄した話だ。結局のところ、秋山さんは岩手さんの家族をおもちゃにし、美知子社主のこともおもちゃにしていたのだ」と憤っていた。

たった一人のためのコンサート

辛い話が続いた。この章の最後は、美知子社主をめぐる音楽の話題で締めくくりたい。

美知子社主は晩年、神戸・御影の自邸からほとんど外出しなかったが、それでも建て替え計画が進むフェスティバルホールがどんな設計になるのか、強い関心を持ちつづけた。私は美知子社主の指示で、朝日新聞大阪本社の体育館に設置されたフェスティバルホールの一〇分の一スケールのモデルの中に入り込み、カメラのシャッターを何度も切った。出来上がった写真を美知子社主に見せると、「なに、このデコボコは」と苦言を呈された。音響を良くするために、壁一面に音を乱反射させるための突起物が付けられていた。さらに、天井が高すぎるということも指摘され、「フェスティバルホールは天井の曲線ラインが素晴らしかったのよ。だから音響が良かったのよ。新しいホールも同じラインにしてください。私がそう言っていたと、あなたから新聞社に伝えてください」と強い指示を受けた。

いくら社主とはいえ、ホールの設計にまで口を挟める時代ではないかも知れない、と私は思った。しかし、一応は担当者に伝えよう。そう思い直し、朝日新聞社で新ビル建設を担当していた宍道学氏を見つけ、社内の通路での立ち話ではあったけれど、美知子社主の意見を伝えた。宍道氏は意外にも、「やっぱりそうですか。突起が多すぎて、見栄え的に問題だという意見を、実は私たちも持っているんです」と同調してくれた。

結果的には、完成したホールの壁の突起物の数は少なくなり、天井の高さも「一〇分の一スケールモデル」よりは低くなっていたと思う。天井の優美な曲線も、旧ホールと大変似ており、完成写真を見た美知子社主は満足げな表情だった。

二〇一三年二月、新生なったフェスティバルホールで、音響チェックのため、大阪フィルハーモニー交響楽団による演奏会が準備された。四月の正式オープンの約二ヵ月前のことだった。同フィルの首席指揮者に就任することが決まっていた井上道義氏は、その練習日のうちの一日、村山美知子社主一人だけをホールに招待した。井上氏をはじめ、大阪フィルのメンバー全員がタキシードと黒のドレスという正装で美知子社主を出迎えた。

舞台の上から、井上氏は大声で、こう呼びかけた。

「美知子さ〜ん、これから美知子さんお一人のためのコンサートを開きま〜す。こんなことはドイツの文豪ゲーテが著書の中で書いているぐらいで、滅多にないことです。でも、美知子さんはそれにふさわしい方で〜す」

曲はベートーヴェンの序曲「コリオラン」。井上氏の指揮で、勇壮で華麗な序曲がホールに響き渡った。演奏が終わると、井上氏は舞台から飛び降り、美知子社主の元へ小走りで駆け寄った。

「ホールの音はいかがでしたか？」

「そうね。ちょっと響きすぎね」

二人は、こんなやり取りをした。

「美知子さん。その通りかも知れない。美知子さんの耳はいまも確かだ。でも、今日はこの広いホールで、聴いていたのは美知子さんと、ごく少数のお付きの人たちだけ。この客席が満席になれば、聴衆の体や衣服が音を吸収するので、ちょうどいい音響になります。これは私が言うのだから間違いない。このホールは間違いなく素晴らしい音響のホールです」

井上氏がこう話すと、美知子社主は笑顔で頷いた。

「そうかも知れないわね」

二〇一三年春、新しいフェスティバルホールの完成を記念するオープニング・シリーズに、美知子社主は念願を叶え、出席した。四月一〇日、イタリアのヴェネツィア・フェニーチェ劇場メンバーによるガラコンサートで、美知子社主はホール中央のボックス席に入った。車椅子の美知子社主のために、あらかじめ座席を取り外し、通路沿いの板囲いも観音開きの構造にして、出入りしやすくなっていた。隣の席には、日野原重明先生らを招待し、心ゆくまで楽しまれた。続いて四月一七日には、佐渡裕氏の指揮、盲目の天才ピアニストとして知られる辻井伸行氏のピアノ、英国の名門オーケストラ「ＢＢＣフィルハーモニック」のコンサートにも出席し、ラフマニノフのピアノ協奏曲第二番などに耳を傾けた。コンサートの前、楽屋前の通路で佐渡氏に会った。佐渡氏は美知子社主を車椅子の上から抱きかかえるようにして、固く握手し、「来ていただき光栄です。美知子さんにはいつも感謝ばかりです。美知子さんは辻井君のファンなんですね」と話すと、美知子社主は「そうなんです」と嬉しそうにうなずいた。

翌二〇一四年五月五日、ゴールデンウィーク終盤のことだった。井上道義氏が突然、神戸・御影の村山邸に姿を見せた。出迎えた美知子社主に、井上氏はこう切り出した。

「美知子さん。僕は明日から入院し、咽頭がんの放射線治療を受けます。絶対に生還し、指揮者として復帰する決意だが、先のことはわからない。美知子さんには僕の元気な姿を見せてから治療に臨もうと思い、お訪ねしたのです」

二人はしばしの間、思い出話に花を咲かせた。

「いつだったたか、私が風邪をこじらせて（自宅の近くの）甲南病院に入院していたとき、あなたが病室にやって来て、『今夜のコンサートに来てください。死んでもいいから、来てください』って言ったのよ」

「覚えていますとも。美知子さんにはどうしても来てほしかったのです」

「でも、あのとき、やっぱり行けなかった。申し訳なかったわ」

井上氏は、美知子社主への約束通り、半年後、放射線治療を終えて指揮者として第一線への復帰を果たした。

第一一章　闘病の日々

「限界が近づいています」

二〇一五年七月二八日、美知子社主は大阪・北野病院に緊急入院した。前々日の日曜日に呼吸が少し荒くなり、付き添いの女性から「心配です」とアピールがあったが、翌日の月曜日に様子を見にきたベテランの看護師が美知子社主の脈拍などを診て「問題ありません」と答え、帰っていた。

そして火曜日、朝から美知子社主の様子がおかしく、「苦しい」「苦しい」と付き添いチームに訴えた。同チームが、主治医の一人だった朝日新聞社の産業医の吉田途男医師に異変を伝えたが、到着が遅れた。夕方になって、美知子社主はさらに呼吸が荒くなり、私にも緊急連絡が入った。大阪市内から神戸・御影に駆けつけると、美知子社主は青息吐息の状態だった。「一刻も早く病院へお連れしたい」と付き添いの女性たちから必死の声があがった。

午後七時、主治医の吉田医師がやっと駆けつけ、救急車で北野病院へ。「誤嚥(ごえん)性肺炎」との診断で、すぐに入院が決まった。

美知子社主が最初に入ったのは一四階の特別病棟だった。VIP用のセキュリティ設備の整った病棟で、一番広い一四号室に入った。五日間ほどは、鼻先に酸素のチューブを入れ、落ち着いた様子で過ごされた。社主の甥の村山恭平さん、従妹弟の小林(おばやし)正世さんらも連日お見舞いに訪れ、「軽くて良かったね」と社主に声をかけた。ところが、週末になると、美知子社主は再び呼吸が苦しくなり、病院側の判断で八階の集中治療室に移った。それから約一ヵ月間、文字通りの危篤状態が続いた。

集中治療室での最初の数日間、美知子社主の両肺はしぼんだ状態のままだった。顔を覆う酸素マスクから、上限とされる一時間あたり一〇リットルの酸素を送り込んでも、肺の状態は良くならなかった。八月五日、主治医の日野原重明氏が北野病院に美知子社主を訪ねた。酸素マスクをつけ、目を閉じたまま、苦しそうな表情で胸を上下させている美知子社主のかたわらで、日野原氏はこう呼びかけた。

「美知子さん。いまは苦しいけれども、これを乗り越えれば、必ず元気になり、一般の病室に戻れます。そして、必ず御影のお家に戻れます。だから、苦しいけれども、頑張って。美知子さんなら、必ず乗り越えられます」

美知子社主は息苦しさのため、声を出すことはできなかった。けれど、閉じられたままの目から、大粒の涙が溢れ、頰を伝って流れ落ちるのがわかった。「社主は、日野原先生の言葉をしっかり受け止めておられる。意識もはっきりされている」と私は思った。

日野原氏の見舞いを機に、美知子社主の快復への意思がより明確になったように思われた。

とはいえ、その後も危機は何度も訪れた。肝臓の機能が急激に落ち、血中のアルブミン値が日に日に低下したこともあった。この時は、多量のアルブミンを投与しつづけ、徐々に数値は良くなってきた。

その次の危機は腎臓の機能の急激な低下だった。利尿剤を増やしても、尿の量が増えない。体に水がたまって全身が膨れ、見るからに痛々しかった。

病院の主治医の中根英策医師は「そろそろ限界が近づいてきています。覚悟していただいたほうがいいかも知れません」と、親族や私たちに告げた。私は毎日、病院に通った。美知子社主の病状を示す様々な数値は、一進一退だった。その数値と、集中治療室の社主に声をおかけした時の表情や反応に文字通り、一喜一憂していた。そんな日が一ヵ月ほど続いた後、美知子社主の容態は奇跡的に快方に向かいはじめた。

九月初め、美知子社主は集中治療室とは通路で繋がる同じ八階の一般病室へ移った。社主が集中治療室にいる間、自宅待機を続けてきた付き添いチームも病室に通う態勢に戻り、看護師の指示を受けながら美知子社主のお世話を再開した。

九月二四日、緊急入院して五九日目、美知子社主は一四階の特別病棟に戻ることができた。最初は病状の急変に備え、ナースステーションのすぐ前の一一号室という、やや狭い病室だった。気管を切開した喉元には、スピーチカニューレという装置が取り付けられ、美知子社主はほぼ自由におしゃべりができるようになった。

スピーチカニューレは、喉元の開口部から息を吸い込むことができ、息を吐く時に喉元の開口部が閉じ、口に空気が通るため、発声ができる。上手に使いこなせない人もいるようだが、美知子社主はスムーズに話すことができた。

付き添いチームの女性たちによると、美知子社主は一一号室で過ごしていた時期、よく泣いていた。苦しげな表情でこんな独り言を繰り返していた。

「ごめんなさい。美知子が悪いの。お父様、お母様、お祖父様、お祖母様、みんな美知子が悪いの」

私も当時、病室を訪ねた朝などに、美知子社主のこの言葉を何度か聞いた。生死の境をさまよった約二ヵ月間の闘病生活が、美知子社主の心に何らかの傷跡を残したのかも知れない。あるいは、母親の於藤さんが一九八九年に亡くなった後、四半世紀にわたり一人で村山家を背負い、株式譲渡の決断や養子問題などで悩みつづけた結果について、自責の思いが心の奥に生じていたのかも知れない。

「先生、ごめんなさい。美知子が悪いの」

私は当時、この言葉もよく聞いた。

美知子社主が慕っていた甲南小学校時代の恩師、戦時中に教え子の出征にあたって「酋長の娘」をひょうきんな姿で踊ってくれた、あの浜野先生に呼びかけていたようにも、私には思えた。

病床の楽しみ

集中治療室から一四階一一号室に移ったばかりのころ、美知子社主は体の痛みのせいか、不機嫌なことが多かった。特に看護師が病室に入ると、「出ていけ」と叫び、看護師に向けて唾を飛ばすこともあった。このため、看護師はあらかじめマスクの上から顔全体を覆う透明のカバーを付けて、美知子社主に接していた。看護師たちは、嫌な顔一つしないで、淡々と看護を続けていた。

一〇月七日、美知子社主の血中の炭酸ガス濃度が上昇し、再び八階集中治療室へ。幸い二〇日間ほどで快復し、八階の一般病室へ移った。この時期、私は病院の許可を得て、指揮者の井上道義氏に声をかけ、美知子社主の様子を伝え、見舞いに来ていただけないかと打診した。

井上氏は、二つ返事で「参ります」と答え、一一月二八日、大阪でのコンサートの折に顔を出してくれた。美知子社主はまだスピーチカニューレを取り付けるまでは快復しておらず、会話はまったくできなかった。しかし、井上氏を見るなり、顔を真っ赤にして、目で感激の気持ちを表し、大粒の涙を流した。井上氏にも、そのことがすぐにわかった。美知子社主の手を強く握りしめ、心を込めて、こう話した。

「美知子さん。あなたと私は、生きた時期が三〇年ずれている。でも、もし同じ時代を生きることができていたなら、二人で恋の話ができたかも知れないね」

美知子社主も顔をさらに赤らめ、嬉しそうな表情を見せた。

一二月二日、美知子社主はやっと一四階の特別病棟に帰ってくることができた。その後、意識状態は着実に良くなり、特別病棟の最奥にある広い一四号室に移った後は、付き添いチームのリーダーが「神戸・御影におられた最後のころよりも良くなられました」と報告するほどの快復を見せた。しっかりした受け答えをされるので、「いまなら、養子問題をもう一度考えてもらえるのではないか」と密かに思ってしまうほどだった。

病状が快復するにしたがい、美知子社主に茶目っ気が戻ってきた。付き添いの女性が「社主、目薬をお差ししますから、目を開けてください」と頼むと、社主はニコニコしながら、逆にギュッと目をつぶってしまう。「社主、困ります」と言いつつも、「やっと、元気になられたんですね」と、付き添いチームの全員が安堵していた。

美知子社主が大阪国際フェスティバル協会の専務理事だったころの担当秘書、神谷裕子さんも頻繁に見舞いに来て、社主と楽しいおしゃべりをするようになった。山本勝夫さん、福島満さんをはじめ、同協会の元職員らも度々やってきた。村山家と古くから家族ぐるみの付き合いのある慶応大名誉教授の山田太門さん夫妻も、東京・立川市から訪ねてきた。山田さんは趣味の方位学でも美知子社主から頼りにされていた。

美知子社主は自分で日本舞踊を習っていたこともあり、歌舞伎の大ファンで、とくに六代目の尾上菊五郎が大好きだった。病室でも、神戸・御影の自邸から持ち込んだ歌舞伎観劇時の写真アルバムを一ページずつめくりながら、「これが六代目よ」と話が弾んだ。付き添いの女性が「六代目って男前ですねえ」と水を向けると、「そうよ」と目を細めた。東京の歌舞伎座や名古屋の御園座の舞台を見た思い出などを話し、「六代目は踊りが美しくて、所作が、それは綺麗だったのよ」と続けた。

やはり歌舞伎好きの京都の川島康弘氏が度々見舞いに訪れるようになった。川島氏は美知子社主の五〇年来の友人で、中村富十郎をはじめ、著名な歌舞伎役者を美知子社主に紹介し、フェスティバルホールでの歌舞伎公演の仲介役なども務めた。川島氏は、美知子社主の日本舞踊の所作を「歌舞伎の伝統に忠実でした」と褒めたたえるなど、いつまでも歌舞伎の話が続いた。元朝日新聞社員の秋山康男氏も、父親が松竹株式会社の役員を務め、劇場の支配人もしていた関係で、歌舞伎に造詣が深く、東京から度々お見舞いに訪れ、美知子社主と歌舞伎談義を楽しんだ。

川島、秋山両氏が一緒に病室を訪ねた際、美知子社主は二人を驚かせるパフォーマンスをした。美知子社主がいたずらっぽい表情で突然、劇場の大向こうの客席から掛け声をかけるように、「はっ、六代目っ」と叫んだのである。川島氏も秋山氏も「社主に六代目と声をかけられてしまいました。光栄です」と大喜びしていた。

美知子社主は六代目の踊りや『勧進帳』の場面などが出てくるＤＶＤを病室で観ていた。甥の村山恭平さんが届けたプロジェクターに鏡を付けた装置で、病室の白い天井をスクリーン代わりにして上映した。

入院生活の最初のころ、神戸・御影の自宅から持ち込んだＤＶＤザ・ドリフターズの『８時だヨ！　全員集合』がお気に入りだった。志村けんが扮する化け猫の宿の女将が、加藤茶が扮する旅人に応対する場面がある。加藤茶がお腹を空かせ、もぞもぞしはじめたところで、美知子社主が「何もございませんが」と画面に向かって話しかける。志村の化け猫のセリフを先回りして声に出し、ケラケラと大笑いされるのだ。いかりや長介が将棋の指導者役をする場面では、生徒の仲本工事がロケットのように室外に飛び出す場面の直前、「ほら、もうじき飛んでいくわよ」と嬉しそうにつぶやき、その場面を見届けると、「でしょ」と大笑いされた。

かと思うと、不機嫌にされている時には、『８時だヨ！　全員集合』の上映を始めると、「あんたたち、私にこればっかり見せていればいいと思ってるんでしょ」と憎まれ口をたたく。たしかに繰り返し上映していたので、美知子社主が飽きたのも無理はない。私たちは「別の作品を」と、近くのレコード店で映画のＤＶＤを購入した。

手始めは、『王様と私』『サウンド・オブ・ミュージック』『メリー・ポピンズ』の三本。いずれも米国のミュージカルだったが、美知子社主は熱心に画面に見入り、巡回の看護師が声をかけても気づかないほどだった。

元フェスティバル協会職員の山本勝夫さんが病室を訪ねたとき、「村山専務は『ザッツ・エンタテインメント』もお好きでした」と話した。私は、このＤＶＤもさっそく購入して、病室で上映した。この映画は、全編英語で字幕も英語だったが、美知子社主は英語の説明文を目で追い、独り言のように英語で発音しながら米国のヒット作品の名場面が続く映像を楽しんだ。

もちろん美知子社主はクラシックの様々な名曲も希望され、病室がしばしばコンサートホールのようになった。とりわけカラヤン氏の指揮するベルリン・フィルハーモニーの映像（DVD）を好んだ。

「仏」と「阿修羅」と

美知子社主は「経管栄養注入」といって、鼻から胃に通したチューブによって液状の栄養剤を摂取していた。月に一度、このチューブを入れ替えなければならない。若い医師や看護師によるチューブ入れ替えは、美知子社主にとってかなり辛いものだった。チューブが喉の奥に届いたところで、チューブを飲み込んでもらう。そのタイミングがなかなか合わない。付き添いの女性たちが寄り添い、「社主、ごっくんしてください。ごっくんですよ」と何度も声をかけ、やっとチューブが胃に届くのだった。

美知子社主と付き添いチームとの信頼関係は次第に深まっていった。

「夜間、社主が『寂しい』とおっしゃる時には、手を握り、肩を抱くようにして、社主のベッドの横に座るんです。『社主、目をつぶってくださいね。そうすると眠れますから』と申し上げると、目をつぶっていただけるのです。それで、寝付かれたかなと思うと、時々横目でこちらをご覧になる。でも、今度こそと思って手を放し、しばらくすると、目を開けられ、『どこ？　どこにいるの？』と呼ばれます。『ここです。いますよ』とお返事をすると、社主は『手をちゃんと握っていてちょうだい。もう手を放さないで』とおっしゃるんです。そんなことを何度も繰り返すうちに、本当に眠りにつかれるんです」

私は付き添いチームのリーダーから、こんな報告を聞いていた。

美知子社主は、寝ている時間と起きている時間の間隔が不規則だった。二十四時間眠りつづけることも、四十八時間起きつづけていることも、珍しくなかった。眠れない時間が続くと、とんでもなく不機嫌になることがあった。そんなとき、付き添いチームの女性たちは美知子社主のかたわらで、背中をさすり、トントンと軽く叩いた。

「そうすると、社主は安心されます。社主の手を握り、こちらも穏やかな感じで社主の目をじっと見つめていると、社主の気持ちも次第に和らぎ、やがて微笑まれます」

私も、実際にそうした場面に立ち会った。美知子社主が「阿修羅」の形相から「仏」の笑みへとみるみるうちに変化していく。その姿を目の当たりにし、心がジーンと温かくなった。

ベッドからやや離れたところで、付き添いチームが打ち合わせをしているとき、美知子社主が「ちょっと、ちょっと。何を話しているの？　私もそっちへ行く」と言い、話に加わろうとすることもあった。

付き添いチームの女性たちの話をもう少し続ける。

「あるとき、『社主、映画のＤＶＤを見られますか？』とお尋ねすると、『見られますか、ではなくて、ご覧になりますか？　というのが正しい言い方なのよ』と指摘されました。それで、『ご覧になりますか』と尋ね直しますと、にっこり笑ってうなずかれました」

「私が宝塚歌劇の『すみれの花咲く頃』を歌うと、『うまいねえ』と褒めていただけることもありました。でも、音程が少しでも外れると『下手ねえ』とおっしゃるんです。音感は非常に敏感でいらっしゃいました」

朝、美知子社主が目覚めると、付き添いチームは「あ〜さひがさんさん、おはようさん」というテレビで流れていた朝日新聞のＣＭソングを歌うことがよくあった。社主も一緒に歌った。

「次は、お母様の歌ですよ」と促すと、美知子社主はこう歌い出す。

「頭を雲の上に出し、四方の山を見おろして、かみなりさまを下に聞く、フジは日本一の母――」

これは、美知子社主が慕う母、於藤さんのテーマ曲。「日本一の母」のところで、美知子社主はいつもにっこりされた。

美知子社主のテーマソングは「春よ来い」。「あるきはじめたみいちゃん」のところで「みいちゃん（美知子社主は家族からみいちゃんと呼ばれていた）」を強調して歌うことになっていた。体調が良ければ、もう一曲。美知子社主が作曲し、全国でヒットした「遂げたり神風」をみんなで歌った。「シャボン玉」「どんぐりころころ」「うさぎのダンス」「赤い靴」など戦前からの童謡、唱歌についても、美知子社主は最後のフレーズまで歌詞をしっかり記憶していた。三〇分以上にわたり楽しそうに歌いつづけることもしばしばだった。

「チンドン、チンドン、チンドン屋。チンドン屋さんは気まぐれで、お顔におしろい、書き眉毛。チンドン、チンドン、チンドン屋」

これも、美知子社主が楽しそうに歌った歌だが、私や付き添いチームが懸命に調べても、出典は不明のままだった。

美知子社主は、賓客を迎える時にどうすべきなのか、しっかり身につけていた。入院生活でも、その本領が発揮された場面がしばしばあった。以下は、付き添いチームの女性の証言である。

「朝日新聞社の渡辺（雅隆）社長が二〇一六年八月に訪問されたとき、社主の振る舞いは本当に見事でした。あの日は前夜から寝ておられず、眠くてたまらないご様子でした。午前中にリハビリの先生が来られても、『知らない。眠いから帰ってもらって』と不機嫌です。社長に車椅子姿の社主を見ていただければと思い、リハビリの先生と一緒に車椅子に移乗していただこうと思うのですが、社主は『乗らない。いや〜』とご協力いただけません。なんとか移乗していただき、『今度は、眉毛と口紅ですよ』と申し上げても、『いらない〜』と怒られます。でも、『社長がもう来られますから、少しだけ口紅をつけさせてくださいね。眼鏡もおかけしますね』と準備を終えた直後、ドアがトントンと鳴り、開いた途端、社主はシャキッとされ、婉然と微笑んで『お久しぶりです。お元気でいらっしゃいましたか？』と、社長に挨拶されたのです。渡辺社長も社主の入院後、はじめて見る車椅子姿に驚き、『随分とお元気になられましたね』と感激されていました。朝日新聞社の神風号のことなど、ひとしきりお話をされて、社長が帰られたら、『もう、寝ます』とおっしゃり、ベッドに戻られて、すぐに眠りにつかれました」

二〇一六年九月に、村山龍平翁の出身地の三重県玉城町から辻村修一町長らが美知子社主を訪ねた際も同様だった。

「あのとき、社主に『今日は町長が来られますよ』と話しても、眠くてたまらない社主は『いや、もう眠い。帰ってもらって』と駄々をこねられました。なので、『わかりました。いまから寝てください。その代わり、町長が来られた時にはお声をかけるので、その時は少し目を開けてください』とお願いすると、社主は『これでいいの？』と目をぱっちり開けられるので、こちらも可笑しくなって、『そうです』と申し上げました。その直後、社主は本当に熟睡されてしまったのです。しばらく後、ドアの外でガサガサ音がするので、『社主、来られましたよ。目を開けてください』と申し上げると、目をぱっちり開けられ、ベッドから『よくおいでくださいました。皆様、いかがおすごしですか？』と挨拶されるのです。辻村町長が『今年、三重県ではサミットがありまして……』と説明を始められると、社主は『ごめんなさい。私はそのことはわからないので、お話ができないわ』としっかり受け答えされるのです。最後は『よかったら、お茶でもいただかれて』と促され、町長らが『では、これで失礼させていただきます』と退室されると、『私、もう寝ていい？』と言われるので、『どうぞ、どうぞ』と申し上げると、あっという間に眠りにつき、熟睡されました。お見事としか言えません」

「一〇四歳の名医」の診断

私は、ほぼ毎日、病室に美知子社主を訪ねた。

「社主、おはようございます」と声をかけると、にっこり微笑まれる。その日の天気のこと、美知子社主宛てに届いた手紙、社主の近況を尋ねる電話があったことなどを伝える。その後は、神戸・御影の村山邸の広い庭のことを話題にすることが多かった。「御影のお屋敷の庭は、紅葉が色づきつつありますね。真っ赤な紅葉をご覧になりたいですよね」「お庭の桜が満開です。伊勢神宮から贈られた神宮サクラが一本、あるんですよね。お元気になられたら、また見たいですね」。季節の移り変わりに合わせ、庭の自然について話すと、美知子社主は笑みを浮かべて聞き入った。

ご両親の思い出話もたくさん、聞くことができた。朝日新聞社との長い確執はあったが、美知子社主にとって長挙さんは「優しいお父様」でありつづけた。

「私には優しかったけど、お父様には厳しかった」という母親の於藤さんの思い出も聞いた。

「お母様が『時間がない』と言いながら、お父様の着ている洋服の上からアイロンを当てているのを、目撃したこともあるのよ」

於藤さんの武勇伝についても聞かせてもらった。龍平翁がまだ健在だった戦前、龍平翁、長挙さん、於藤さんの三人で東京のホテルに滞在していた時のこと。龍平翁と長挙さんの外出時に、ドアがノックされ、於藤さんが開けると、壮士風の男二人が立っていた。「村山龍平がいるはずだ。会わせろ」というので、「いない」と答えると、「そんなことはない。隠れても無駄だ」という。於藤さんは「だったら、探しなさい」と部屋に招き入れると、男たちはベッドの下、洋服ダンスなども調べ、諦めて出て行こうとした。そこで、於藤さんは「あなたたち、他人の部屋に勝手に来て、黙って出て行くのは失礼でしょう。名前を名乗りなさい」と言って、紙と鉛筆を渡したという。男たちは本名かどうかわからないけど、何やら書いていったのだという。美知子社主は「母から聞いた話です。でも、とっても母らしいでしょ」と、愉快そうに話していた。

子どものころ、母親に連れられて神戸・元町の歯医者に通い、歯並びを矯正したこと。この歯医者さんが留学帰りで、「オクチヲ、ユスーイデ、クダサーイ」と外国人のような口調がおかしかったこと。神戸大丸の食堂で、ホットケーキを食べるのが何よりの楽しみだったこと……。思い出話が次々に出てきた。

ただ一人の甥、村山恭平さんを話題にすることも、しばしばだった。

「恭平はどうしているかしら？」

「恭平は子どものころ、可愛かったのよ」

「恭平はいくつになったかしら。えっ五〇歳？」

「ついこの間まで子どもだったのに、信じられない……」

美知子社主は、恭平さんに「社主」を継がせることはできない、と考えていたことは事実だが、決して恭平さんのことを嫌いではなかった。ずっと気にかけ、心配していたのだ。

二〇一六年六月一四日、主治医の日野原重明氏が見舞いに訪れた。美知子社主が二〇一五年の夏、北野病院の集中治療室で生死の境をさまよっていた時に励まして以来の訪問だった。

美知子社主は車椅子に座り、スピーチカニューレを付けて、日野原氏を出迎えた。日野原氏は、こう切り出した。

「これは奇跡です。こんなにお元気になられるなんて、夢のようです」

美知子社主も「私も日野原先生にこうしてまたお会いできて、夢のようです。二つの夢が重なったんですね」と答えた。

「僕は、興奮して、今夜は寝られないね」

「いやだわ、そんなこと、おっしゃったら……」

「美知子さん、握手しましょう」

「（握手して）先生のお手、冷たいですね」

「あなたは、よく観察している。素晴らしい」

「私も興奮して、空気の上にふわふわ浮いているようです」

二人の会話は、いつまでも弾んだ。

二〇分ほどの面会時間が終わるころ、日野原氏がこう言った。

「美知子さん、次は神戸の家に帰ることを考えましょう」

美知子社主も「はい。先生と一緒に」と答えた。

最後に、日野原先生が「シー・ユー・アゲイン。また、会いましょう」と別れの挨拶をした。美知子社主は戸惑いの表情を見せた後、「あっ、英語なのね。はい。シー・ユー・アゲイン」とにっこり笑って、挨拶を返した。

このとき、日野原氏は満一〇四歳。この日が美知子社主への最後の訪問となり、「シー・ユー・アゲイン」の約束は果たされなかった。日野原氏は一年後の二〇一七年七月一八日、一〇五歳の天寿を全うした。

感激の再会

二〇一六年八月一六日、美知子社主は満九六歳の誕生日を迎えた。九月一六日、酷暑の季節を避けて一ヵ月遅れの誕生日祝いを病室で催した。

北野病院一四階の特別病棟の一四号室。看護師チームの全員が出演するDVDの上映でパーティーは始まった。

美知子社主のマッサージを担当する元北野病院リハビリセンター理学療法士の瑞慶山（ずけやま）良松

氏による手品、吉田医師によるハーモニカ演奏、朝日新聞社員で大阪国際フェスティバルの企画に携わってきた渡辺章氏による電子ピアノの演奏。私も及ばずながら、社会部記者時代に宴会の余興で演じていた歌舞伎「切られの与三郎」（正式な演題は『与話情浮名横櫛』）の一場面を披露し、社主から「面白かったですよ」と褒めていただいた。

村山家の専属料理人・松本利信氏による、心づくしの松茸スープ、トマトを絞った手作りのジュースなどが用意された。美知子社主もスプーンで少しずつ口に入れ、「おいしい」とニッコリされた。

松本氏は、下呂温泉の高級旅館・水明館の元総料理長・取締役の経歴を持つ腕利きの料理人だった。美知子社主が神戸・御影の自宅でお元気だったころには、毎日の昼と夕、社主のために一〇品前後の献立を用意していた。食材の本来の味わいを生かした和食が得意で、美食家として知られた美知子社主の信頼を得ていた。美知子社主が自邸の食堂で日野原先生や他の賓客をもてなす際にも、和食のフルコースを準備し、大変喜ばれていた。

美知子社主から「私が死んだ時は、あなたの料理で陰膳を供えてね」と直々に頼まれていたが、社主の願いは届かなかった。松本氏は「誤嚥の原因になる」という吉田医師の判断で、美知子社主へのスープやジュースの用意ができなくなり、さらに、その後、社主の任意後見人（財産管理担当）となっていた藤木克尚税理士によって「解雇」されたのである。

指揮者の井上道義氏は二〇一五年一一月に美知子社主を見舞った後も、同年の一二月、翌二〇一六年の二月、二〇一七年の三月と計四回にわたって北野病院を訪ねた。美知子社主の体調がすぐれず、会話ができないこともあった。そんな時でも、「私も、咽頭がんの闘病のため話ができない辛くて苦しい時期がありましたので、美知子さんの大変な状況はよくわかります。お気遣いは無用です」と言い、眠っている美知子社主に、「美知子さんは日本の音楽文化の最高の守り手だったんですよ。音楽文化を育てるためには、算盤(そろばん)勘定だけではダメなんです。そこのところを、あなたはわかっておられた」と慈しむように話しかけていた。

指揮者の佐渡裕氏は二〇一五年一二月一四日、フェスティバルホールでのベートーヴェンの交響曲第九番のコンサートを前に北野病院を訪ねた。ジーンズに黒いセーター姿で、美知子社主への感謝の言葉を重ねた。カラヤン氏の直筆のサイン入りの写真を手渡し、

「早く元気になってくださいね。また、フェスティバルホールでのコンサートでお会いしましょう」

と励ました。この時の美知子社主の嬉しそうな表情が忘れられない。

佐渡氏は二〇一六年五月には、自身の率いるウィーンのオーケストラのフェスティバルホールでの公演の際、美知子社主への思いを楽屋で語り、ビデオレターに託した。

「ブザンソンの指揮者コンクールで優勝しても、私は日本では生意気な若造の扱いでした。そんな私を、一九九五年の大阪国際フェスティバルのオープニングコンサートの指揮者に指名していただいた。私にとっては、あの時が本当の意味でのデビューコンサートでした。コンサート後のレセプションで、美知子さんにはじめてお目にかかった時の感激も忘れられま

せん。私は小学生、中学生のころからフェスティバルホールに通い、バーンスタインさんも、小澤征爾さんも、ストラヴィンスキーさんも、すべてあのホールで聴き、私も指揮者になろうと決めたのです。あの夢の舞台の演出者が美知子さんだったんです」

美知子社主は病室で、このビデオメッセージを繰り返し見ていた。

二〇一七年六月九日には、小澤征爾氏が見舞いに訪れた。滞在先の京都ホテルオークラから北野病院へ向かうタクシーの中で、小澤氏は「ミッチーにはカナダのトロント・シンフォニーを率いて日本公演をしたとき、本当にお世話になった。面白い話があってね」と切り出した。当時、小澤氏が、公演のプロモーターのロジャー・ウィリアムズさんと三人で公演の交渉をするためにミッチーに会いたいと伝えると、「小澤さんだけなら、いつでも会うわ。でも、三人一緒ではダメ」との返事。

困った小澤氏は、旧知の梶本音楽事務所の梶本尚靖社長に取りなしてもらい、ようやく三人で会えることになったという。その後、三人で京都の祇園のお茶屋さんで一休みした後、旅の疲れが出て三人ともすっかり寝入ってしまい、心配した梶本社長からの電話で飛び起きて、大慌てで大阪に向かい、なんとか間に合った。小澤氏は、そんな思い出話を披露しながら、「ミッチーは私のことを覚えてくれているかな。おそらく、前に会ったのは三〇年ほど前だと思う」と語りつづけた。

午後三時二〇分、小澤氏は北野病院一四階の美知子社主の病室に入った。

「ミッチー」と言いながら、小澤氏は美知子社主を何度もハグし、首元のところにキスをした。

美知子社主はすぐに小澤氏とわかり、目にいっぱい涙を溜めて、感激を顔全体で表した。かたわらで、私が「小澤さんですよ。わかりますか？」と尋ねると、繰り返しうなずいた。

小澤氏は「ミッチーは昔と同じ顔をしている。全然変わっていない。少し太られただけだ」と何度も言い、一九六九年のトロント・シンフォニーの初来日の際、「ミッチーに招いてもらった。感謝しても、感謝しきれない」と話した。

美知子社主は「いまは、どこでご活躍を」と尋ねた。小澤氏は「少し前までボストンに住んでいましたが、いまは売り払ってしまい、東京で主に活動しています」と答えた。

話が弾みはじめたとき、小澤氏は突然、顔を歪ませ、身振り手振りで美知子社主に別れを告げると、小走りで病室を出てしまった。私が急いで追いかけると、小澤氏は一人で窓辺に立ち、「わーっ」と声をあげて泣いていた。いつまでも泣き止まず、やはり追いかけてきた同行のマネージャーの男性が、見かねてティッシュを差し出した。

小澤氏は泣きじゃくりながら、こう続けた。

「ダメだ。当時のことが次々に蘇ってくる。いまと違って大企業にスポンサーとして付いてもらうわけにはいかない、トロント・シンフォニーの日本での滞在をいったい誰が面倒を見てくれるのか。そのとき、ミッチーから色々きついことも言われたけれど、誰よりも親身に世話をしてくれた。太っ腹で芸術を愛する素晴らしい人だった」

小澤氏は涙を拭うと、私の手を握り、「あなたは本当にいいことをしてくれた。私は必ずまたミッチーに会いに来ます。そのことをミッチーに伝えてほしい」と言って、帰って行った。

残された時間

時期が前後するが、二〇一六年の暮れ、美知子社主の気管支の奥に肉芽と呼ばれる突起物ができていることがわかった。

耳鼻科の医師がメスで潰したが、かなりの出血があり、執刀医から「スピーチカニューレの装着はしばらく見合わせましょう」との指示が出た。スピーチカニューレのない日々、美知子社主は口をパクパク動かし、懸命に話そうとするが、私たちは聞き取ることができない。そんなことが繰り返されるうち、美知子社主の精神活動はめっきり衰えてきたと思う。

年をまたいで二〇一七年二月、医師らは肉芽の状態を慎重に調べたうえ、一日三〇分間以内との条件で、スピーチカニューレの使用を許可した。付き添いチームは、この貴重な「三〇分」を美知子社主の生活のどの場面で使うのかに、日々心を砕くようになった。

社主に残された時間は、そう長くはない。私は心を鬼にして、社主への介護の姿勢に問題のある人については、事情を説明して交代してもらうようにした。

付き添いチームの一人が「社主に唾を飛ばされ、髪の毛に付いた。もうやってられない」と不満をぶつけてきたことがあった。私は「社主と同じ土俵で喧嘩されては困る」と考え、この女性にはチームから外れてもらった。社主の目の前で、年配のメンバーが若いメンバーを罵倒したことがわかった時には、この年配のメンバーにも外れてもらった。美知子社主は、年配メンバーが罵倒する声を聞いたとき、「いい加減にして」と厳しく注意していた。メンバー同士の諍いを何よりも嫌がっていた。

残った付き添いチームのメンバーたちに、私はこう話した。

「美知子社主はかつて、献身的に母親をお世話されました。当時のことを知る元大阪国際フェスティバル協会職員の山本勝夫さんが私に『美知子さんはかわいそうだ。ご自分が母親にしたほどの献身的な看病を、ご自身は受けることができないのだから』と言っていました。でも、皆さんは、かつてお母様を看取られた美知子社主に負けないような、社主の心に寄り添ったお世話をされています。本当に感謝しています。これからも頑張りましょう」

第一二章　奇跡の人

後見人選び

美知子社主が入院先の北野病院で危篤状態だった二〇一五年秋、村山家の先祖祭祀を目的とする奉賛会がつくられた。

会長は秋山耿太郎氏、副会長は内海紀雄・香雪美術館館長、同美術館職員らが幹事などに名を連ねていた。美知子社主の意向を確認することなく、甥の村山恭平さんや従妹弟の小林正世さんら村山家や親族の人たちに一言の相談もないままだった。

その二年後の二〇一七年夏、奉賛会メンバーらが美知子社主の銀行預金で社主用の墓石を購入した。美知子社主は承諾しておらず、恭平さんや小林さんらも同様だった。そして、この年七月末、美知子社主の付き添いチームの全メンバーが突然、吉田途男医師によって解雇された。

本書の最後に、辛い話を書かなければならない。迷ったが、やはりすべてを書き残すことにしたい。

ひとまず、時計の針を二〇一五年七月一六日に戻す。美知子社主が北野病院に緊急入院したのは二〇一五年七月二八日だったので、その一二日前である。

この日、元朝日新聞社長の秋山耿太郎氏、元テレビ朝日会長の広瀬道貞氏、村山家の顧問税理士の藤木克尚氏、それに吉田途男医師の四人が、公証人の立ち会いのもとで美知子社主に会い、美知子社主の任意後見人を決めた。秋山氏が議事進行役を務め、藤木氏を財産管理担当の任意後見人、吉田医師を身上監護担当の任意後見人にそれぞれ選任することについて、美知子社主の同意を得て契約した。

その一二日後に美知子社主が入院したため、四人は「ギリギリで間に合った」と胸をなでおろしたという。

後見人の契約手続きをする前に、吉田医師は美知子社主に、長谷川式認知症スケール（認知度評価テスト）を繰り返した。「今日は何年何月何日ですか？」「あなたの歳はいくつですか？」「一〇〇から七を順番に引いた数字を答えてください」など、ごく基礎的な日常知識を問う質問だったが、何度試しても「認知度に問題はない」とする合格ラインには達しなかった。

テストには私も欠かさず立ち会っていたので、これは確かだ。このため、契約当日は、公証人が美知子社主に話しかけ、その受け答えで「任意性がある」と判断したという。世間一般でも、長谷川式テストを実施しないで任意後見人の決定手続きをする例があることは承知していたが、巨額の資産を抱え、親族との相談なしで任意後見人を決めようとする美知子社主の場合、やはり長谷川式の認知症スケールをクリアしていただくべきだったと私は思う。

美知子社主の任意後見人を選任するにあたり、朝日新聞社側の幹部と協議する場が設けられた。

そのとき、朝日新聞社側は藤木氏を任意後見人に選任するのに反対し、弁護士資格のある人がふさわしいと主張した事実も記しておきたい。藤木氏がかつて朝日新聞社の広岡知男会長を追い落とした経緯もあり、信頼できないという判断だったと思う。それを押し切って藤木氏を後見人に据えたのは秋山耿太郎氏だった。

秋山氏は、この協議に陪席していた私にも「樋田君、君も藤木さんしかいないことはわかるだろ」と水を向けてきた。私は「意見を述べる立場にない。会社の考えを聞いてほしい」と答えた。朝日新聞社は、藤木氏を任意後見人に選任する案に、最終的には同意している。ありていに言えば、ここで誰かを選任しなければ、美知子社主の甥の村山恭平さんが後見人になりかねない。それよりは、藤木氏のほうがよりまし、という判断だった。恭平さんが後見人になると、秋山氏らがもちかけて美知子社主に書かせた遺言状の存在が恭平さんに知られてしまうかもしれない。その場合、遺言書の履行に支障が出る可能性がある。そうした事態は避けなければならない、と社は考えたのである。吉田医師については、藤木氏に対する歯止め役を期待して朝日新聞社側が依頼した。

吉田医師の本来の職務は、朝日新聞大阪本社の産業医だった。二〇〇七年ごろ、株式の譲渡手続きなどのため、美知子社主の体調管理の必要が生じるようになった時期から、朝日新聞社の要請で美知子社主の主治医になった。その関係で、後見人にも選任されたのである。

「社主のお墓も造ろうと思っています」

さて、奉賛会と墓石購入の問題である。

奉賛会は、村山家の先祖供養を目的とする組織で、美知子社主が北野病院に入院し、生死の境をさまよっていた二〇一五年一〇月につくられた。

「社主の命がある間につくっておく必要がある」として、大急ぎでつくられたと聞いている。前述のように奉賛会の会長には秋山耿太郎氏、副会長には内海紀雄氏が就任した。美知子社主の任意後見人となった藤木克尚氏は監事として加わった。朝日新聞社の元専務取締役の内海氏が香雪美術館長に就任したのは二〇一二年。前任の筑紫敬五館長の急死の後を受けての就任だった。香雪美術館の理事長は美知子社主だったので、内海館長は毎月の営業報告などで定期的に美知子社主に接する機会があった。

二〇一五年一月には、秋山氏、藤木氏、それに元朝日新聞社専務取締役で元テレビ朝日会長の広瀬道貞氏を加えた「三者委員会」のメンバーが一緒に美知子社主に会い、美術館への多額の寄付を依頼し、了承を得た。内海氏は秋山氏と同時期に朝日新聞社の役員をしていたという関係もあり、奉賛会の設立と同時に副会長になったとみられる。「三者委員会」というのも理解しにくい存在だが、これについては後で詳しく書くことにする。

奉賛会には規約が必要だった。

「規約の原案を作ったのは内海氏だ」と当時の大阪本社代表から聞いている。この規約には、大阪市阿倍野区の大阪市設・南霊園にある村山家の墓地の管理、神戸・御影の香雪美術館敷地（美知子社主が香雪美術館に寄付済み）にある「祖霊舎」という社の管理、および神事などの行事を将来にわたって主宰する、とある。さらに奉賛会が村山家の先祖供養などをするための資金として、任意後見人でもある藤木氏が美知子社主の資産から五〇〇〇万円を引き出し、奉賛会の口座に振り込んだ。

後日、奉賛会は三重県の玉城町にある村山家の墓も管理するとして、藤木氏が美知子社主の資産から新たに二〇〇〇万円を引き出し、奉賛会の口座に振り込んでいる。もちろん、いずれも美知子社主の同意は得ていない。任意後見人である藤木氏が美知子社主の意思を代行した、という説明なのだと思う。

しかし、奉賛会が「将来にわたって管理する」と規約で決めた村山家の墓地は、村山家のものである。美知子社主の後、村山家の墓地を継ぐ立場にあるのは甥の村山恭平さん、あるいは小林正世さんとなる。村山家の墓地の敷地には小林さんの祖父母の墓もある。

にもかかわらず、奉賛会の発足にあたって二人には何の相談もなかった。私は、阿倍野墓地を管理する大阪市設・南霊園の事務所に問い合わせたが、「墓地は個人から個人に継承されるもので、組織が継承することは原則として認めていない」との答えだった。

香雪美術館の敷地に建つ祖霊舎についても、村山家の先祖の霊が祀られているので、その管理を誰がするのか、親族への相談・同意を取る手続きは必要だったと私は思う。

結局、小林さんに奉賛会の存在が伝えられたのは、設立から一年半後の二〇一七年春になってからだった。その時も「恭平さんには内緒で」という条件が付けられていた。恭平さんが奉賛会の存在を知ったのは二〇一七年秋になってから。恭平さんが美知子社主の後見監督人（後見人を監督する立場）の弁護士と話し合っているうちに、偶然知ったという。

小林さんも恭平さんも、奉賛会の存在を頭から否定しているのではない。彼らは、奉賛会は村山家が執り行う先祖供養や神事を手助けする組織なのだから、村山家と親族に相談し、了解を得てつくられるべきものだ、と考えていたのである。現に、小林さんは奉賛会の存在を知らされた一年後、「奉賛会のあり方をただすため」として、同会に入会している。

朝日新聞社は、奉賛会の設立に同意している。親族の了承を得ていないことを考慮し、役員を出すのは控えたが、奉賛組織の必要性については十分に認識していたためである。当時、朝日新聞社の経営陣は村山美知子を最後に、社主制度を廃止する可能性についてひそかに検討していた。その場合、社主制度に代わるものとして、村山龍平、上野理一という二人の創業者の遺徳を顕彰する仕組みが新たに必要になると考えており、奉賛会はその土台になりうると期待していた。

「暴走」はさらに続いた。二〇一七年二月一〇日、秋山耿太郎氏、広瀬道貞氏、それに美知子社主の古くからの友人で朝日新聞ＯＢの村上吉男氏の三人が美知子社主を病室に訪ねた。

このとき、秋山氏が突然、「社主、お墓も造っちゃいましょうね」と声をかけた。

美知子社主はいぶかしむ表情を見せただけで、決して同意はしていなかった。この面会には、たまたま私も立ち会っていた。その日、私はやり取りの記録を作成し、社の幹部に報告している。この報告書では、ロッキード事件の際、ロッキード社のコーチャン副社長への独占インタビューをスクープしたことで知られる村上氏が「美知子さんがお元気で、記憶力も確かだったことに驚き、感激しました」と話していたことも書いた。同時に、「秋山氏らが美知子社主の墓石購入の話を持ちかけたが、美知子社主は同意されなかった」と、正確に書きつづった。

一ヵ月余り後の三月二〇日、今度は秋山耿太郎氏、内海紀雄氏、藤木克尚氏の三人が病院を訪ねた。秋山氏が再び、「阿倍野墓地にスペースがあるので、そこに社主のお墓を造ろうと思っています」と美知子社主に話しかけた。二月の訪問時には私が同席し、「社主は同意していない」と会社に伝えたため、再確認する必要があると考えたのだろうか。

しかし、この時も美知子社主は「同意」の意思表示はしなかった。

三人が病室を出た直後、私は同室にいた付き添いの女性たちから、秋山氏らのやり取りの内容を確認している。しかし、その後、彼らは本当に墓石の購入を強行してしまった。内海氏が村山家の墓地の近くの墓石店で墓石を選んだとみられる。岡山県産の大きな御影石で約七〇〇万円だったという。購入のための資金は、後見人の藤木氏が美知子社主の銀行預金から出金した。墓石は購入後、墓の形に成形もされていた。村山恭平さんや小林正世さんには一言の相談もないままだった。

美知子社主は墓石と墓石をつくる御影石について誰よりも詳しかった。父親の長挙さん、母親の於藤さんの墓も、美知子社主が建立している。

いずれの場合も、亡くなったあと、数ヵ月の時間をかけて良質な本御影石を選んだと聞いている。

朝日新聞社の創刊一二〇年を記念する石碑をつくる際も、御影石の質にとことんこだわっていた。その美知子社主が病室で突然、「あなたの墓石を用意する」と言われ、何の意見もはさまず同意することなど、そもそもあり得ない話だ――私はそう考えている。

「側近」を自称する三人

なぜ、彼らはそんなことをしたのか。

村山家の墓や祖霊舎について、「村山恭平氏は面倒を見ないに違いない」と考え、「奉賛会をつくって村山家の墓を守っていくのが美知子社主の意向だ」と判断していたのかも知れない。

たしかに、恭平さんはキリスト教徒で、村山家の宗教である神道信者ではない。恭平さんが「お墓は三重県玉城町の村山家の出身地の墓に戻すほうがいい」と話すのを、私も聞いたことがある。善意に解釈すれば、秋山、内海、藤木氏らの行動は、村山家の墓の将来を心配してのものだったのかも知れない。

しかし、そうだとしても、とんでもない越権行為だと思う。村山家の墓の問題を決めるのは当然、村山家の継承者と親族である。たとえ後見人であっても、墓地を継承する親族に一言の相談もなく墓石を購入することは社会常識に外れていると思う。

朝日新聞社の経営陣が、墓石購入問題を容認していたかどうか、私は知らない。しかし、東京出張の際に会った法務担当の弁護士の一人は、私にこう打ち明けた。

「村山恭平さんが村山家の墓をどうしようと、会社が関わるべきことではない。もし恭平さんが大阪の墓を撤去し、三重県の村山家の出身地に移したいというのなら、どうぞ、ご自由に、という立場だ。この問題は会社の経営にも信用にも、何の影響も与えない」

秋山耿太郎氏、広瀬道貞氏、藤木克尚氏らは二〇〇八年、美知子社主を説得して所有株式を香雪美術館、テレビ朝日、村山家に三分割する案を実現させた際、美知子社主に対し、万が一の場合、「全財産を美術館に包括的に遺贈する」という内容の遺言書を作成してもらうのに成功した。

このとき、秋山氏や藤木氏らは村山家の問題はどんなことでも自分たちで決められる、全権委任を受けた、と思い込んでしまったのではないか。

美知子社主の株式の三分割案が進みはじめた二〇〇八年初めごろ、この案を発案した広瀬氏、藤木氏、古澤弘太郎氏の三人に、秋山氏が合流して定期的な会合が持たれるようになった。古澤氏が二〇一四年に肺がんで死去した後も、残る三人の定期的な会合が続き、「三者委員会」と称するようになった。秋山氏は朝日新聞社の元社長、広瀬氏は元専務、藤木氏は村山家の顧問税理士。いずれも美知子社主の「側近」を自称し、美知子社主の判断・認知能力が衰える中で、村山家の養子問題の白紙撤回、奉賛会設立、墓石購入などを次々に決め、実行してきた。そして、いつの間にか、「三者委員会」の会合に内海氏も加わり、墓石購入などに関わるようになっていったのだと思う。

美知子社主が秋山氏らの勧めで作成した公正証書付き遺言書。何度も繰り返すが、この遺言書によって、朝日新聞社は代価を負担することなく、美知子社主が所有する朝日新聞社の全株式を含めてほぼ全財産を安全な公益財団法人（香雪美術館）に移すことができた。村山家という「資本」と、朝日新聞社という「経営」の長い対立の中で、あまりに「経営」側に有利な結末である。その構図の中で、「経営」側はブレーキを失い、村山家の「先祖供養」の領域にまで土足で踏み込んできた。私にはそう思えてならなかった。

とはいえ、美知子社主の信頼が厚かったと自称する「三者委員会」のメンバーらが朝日新聞社の経営陣との意思疎通を図らないまま一連の事を運んだとは考え難い。結果として、朝日新聞社と「三者委員会」は互いに持ちつ持たれつの関係を保ちながら、認知能力の衰えた美知子社主の頭越しにずるずると村山家の問題にかかわっていったのではないか。事実、渡辺雅隆社長は美知子社主の従姉弟の小林正世さんに会った際、墓石問題に関して秋山氏や内海氏の立場を代弁するように、「質のいい墓石は手に入りにくいので、あらかじめ用意しただけ。他意はありません」と説明している。

村山恭平さんはいま、「自分を無視して奉賛会を作ったことへの謝罪」を強く要求している。墓石についても、恭平さん側の弁護士を通じて奉賛会側の弁護士に経緯の説明を求め、「墓石を確保しただけで、墓を造るつもりはなかった」という釈明を得ているという。そして、「彼らが勝手に購入した墓石は使用しないこともありうる」と話している。

恭平さんは、美知子社主の後見人の藤木氏に対しても「後見人として伯母（美知子社主）の財産を適切に管理しなかった」責任を法的に追及していく構えを見せている。

二〇一七年秋、村山恭平さんが久しぶりに神戸・御影の村山邸を訪ね、社主宅や庭の紅葉の写真を撮って入院中の美知子社主にお見せしようとしたことがあった。

村山邸に入る際には隣接の香雪美術館の敷地を通るのだが、館長だった内海氏が出てきて、「君は、村山家と係争中の人物だ。弁護士を通してくれ。美知子社主の後見人の許可なく通せない」と言って追い返したという。さらに、弁護士を通じて抗議電話までかかってきた。それから間もなく、『ＦＡＣＴＡ（ファクタ）』という会員制雑誌の二〇一八年二月号に「朝日新聞の闇将軍が居座る香雪美術館」というタイトルの記事が出た。

〈内海は、病身の美知子社主が今でも所有する11％の朝日新聞社の株の議決権行使の代行も引き受けるようにもなったため、同美術館の持つ10％の株式と併せ、彼は合計21％余の朝日株を「支配」できるようになった。大株主の地位と可愛い後輩の社長――。内海は朝日を牛耳る「治天の君（事実上の君主＝筆者注）」となったのである〉とまで書かれていた。ここでとを指している。

「可愛い後輩」とあるのは、渡辺雅隆社長が、内海氏の大阪社会部長時代の部下であったこ

二〇一八年四月、内海氏は六月までの任期を待たず、香雪美術館の館長を辞めた。「体調不良」が理由とされていた。しかし、実は美術館の運営体制などをめぐり、副理事長の秋山耿太郎氏が内海館長の姿勢を追及したこともきっかけだった。「三者委員会」の他の二人のメンバーも内海氏を批判する側に回った。その後、秋山耿太郎氏は「奉賛会のこれまでの動きは内海氏の独断専行によるものだ」と小林正世さんに説明している。奉賛会の会長である秋山氏が「内海氏の独断専行」を言うのは明らかにおかしいと、私は思う。

「これで主治医と言えるのか」

ここからは、美知子社主に懸命に尽くした付き添いチームの全員が吉田医師によって解雇された経緯を書くことにする。吉田医師はどんな権限で解雇したのか。吉田医師は美知子社主にどう接していたのか。美知子社主が二〇一五年七月末に北野病院に緊急入院したころの話から始める。

美知子社主が一時の危篤状態を脱した後、北野病院の主治医の中根英策医師の提案で、毎週金曜日に美知子社主の病状説明（レク）が行われるようになった。

このレクには、吉田医師、親族の村山恭平さん、小林正世さん、そして朝日新聞社を定年

退職後、村山家に雇われ、執事的な仕事をしていた安富幸雄さんと、秘書役の私が出席していた。小林さんや恭平さんらは午後五時半からのレクの前に病院へ来て、美知子社主としばしの団欒（だんらん）を楽しんでいた。しかし、吉田医師はレクの直前に姿を現し、病室での滞在時間はほとんどなかった。

当時のベテランの付き添い女性がこう話した。

「吉田先生は、病室のドアを半開きにして、社主のほうをチラッと覗くように見て、『では、また〜』と言って、すぐにドアを閉められる。そんなことがよくありました。あんまりなので、廊下を立ち去る吉田先生を呼び止め、『社主に挨拶をしてください』と声をかけたこともあります」

「（二〇一六年）四月に病院の前の公園で社主にお花見をしていただこうとした時も、吉田先生は投げやりな感じでした。時計を見て『早く終わろう』というばかりでした」

私が、入院中の美知子社主のお世話をしていた当時、毎週のレクの前後に吉田医師が美知子社主とじっくり話す場面を見たことはなかった。

小林正世さんも、吉田医師についてこう言う。

「お姉さん（美知子社主）が入院してから、吉田先生の態度はひどかったですね。お姉さんに聴診器を当てることはなく、ベッドの端っこの毛布をつまみ上げて、『足も大丈夫ですね』と言って、おしまい。医者なのに、優しさのかけらも感じられなかった。正直に言って、これで主治医と言えるのか、これで後見人と言えるのか。そんな疑問を持っていました」

二〇一六年一一月にフェスティバルホールで新進気鋭の音楽家によるピアノコンサートが開かれることになった。このコンサートは朝日新聞社などが主催するため、フェスティバルホール支配人や朝日新聞文化財団と事前調整することができる。

私は、美知子社主にコンサートを楽しんでもらうチャンスと考え、村山恭平さんや小林正世さんに提案した。二人は大賛成し、私も加わって三人で吉田医師を説得し、外出の了解を取り付けた。病院側も全面協力し、携帯用の酸素ボンベを用意するなど、準備万端を整えた。

出発を前に、付き添いチームは美知子社主のために、ロングの巻きスカートを用意した。胸元のスピーチカニューレの装着部分の周辺はスカーフで目立たなくし、入念にお化粧もして、寝台車付きのタクシーへ。ベテランの看護師も同乗し、美知子社主は車窓からの大阪の夜の街の風景を楽しみながら、フェスティバルホールに到着した。タクシーに乗車したまま、ホールの大型エレベーターでホール四階に相当する舞台の裏側へ上がった。美知子社主は寝台車に乗ったまま、タクシーから降り、ホールの楽屋に設けられた大阪国際フェスティバル協会会長室へ入った。ひと休みした後、朝日新聞大阪本社代表、朝日新聞文化財団常務理事らの表敬訪問が相次いだ。美知子社主は、にこやかな表情で、これらの人たちの挨拶を受けた。

コンサート開始を前に、美知子社主は車椅子に移り、ホールの壁に沿って設けられた特別バルコニー席へ移動した。ここで、美知子社主は少し戸惑われた。演奏開始を前に会場は暗く、巻きスカートの裏地が滑って車椅子からお尻がややずり落ちる形になって、天井部分しか見えなくなっていたのだと思う。間もなく、演奏が始まったが、とても弱い音の連打で美知子社主の耳にうまく届かなかった。第一楽章が終わったあたりで、突然、美知子社主の声が聞こえた。

「どうなったの?」

隣の席に座っていた吉田医師は動転した様子で、「どうされたんですか?」と大声で聞き返した。その声に反応して、美知子社主が「どうなったの、と聞いているのよ」。吉田医師は立ち上がって付き添いチームに指示し、車椅子の美知子社主はバルコニー席の奥の扉から退席した。

反省会で、こんなやり取りがあった。

「社主にコンサートはもう無理だ。認知度の低下が進み、コンサートの会場だという認識ができなくなっている」(吉田医師)

「いや、お姉さん(美知子社主)がコンサートの雰囲気を楽しまれていたことを評価すべきだ。バルコニー席での出来事は、不運が重なってのこと。大声で聞き返した吉田先生こそ、冷静さを欠いていた」(小林正世さん)

理由なき全員解雇

コンサートの約半年後。

二〇一七年春に朝日新聞社が建設してきた高層ビル「フェスティバルタワー・ウエスト」が完成し、その四階に「中之島香雪美術館」もテナントとして入った。美術館が実際にオープンするのは一年間の養生期間を経た二〇一八年三月の予定だった。私はオープン前の時期なら、美知子社主に見学していただけるのではないか、と考えた。村山恭平さんも小林正世さんも「ぜひやりましょう」と大賛成した。念のため、病院側も中根主治医、看護師チーム、リハビリチームが全面協力を申し出てくれた。念のため、北野病院の事務局長、病院長にも話して、内諾を得た。ところが、吉田医師が「私は反対だ」と主張して譲らなかった。

何度か話し合ったが、吉田医師の主張はこうだった。

「社主はもう公的な場所に出せない。また、突然大声を出したら、世間がどう思うか。あのコンサートにお連れしたことが、そもそも間違いだった」

村山恭平さんも小林正世さんも、吉田医師の意見に猛反発した。

「伯母（美知子社主）は公的な人物ではなく、もう個人です。万が一、大きな声を出しても構わない。美術館で伯母が接するのは美術館の関係者で、一般の市民ではありません。残る人生で、少しでも楽しく、充実した時間をどう送るかだけを考えていただきたい」（村山恭

平さん）

「中之島香雪美術館にお姉さん（美知子社主）は数億円を寄付している。その資金で、お姉さんが尊敬するお祖父様、村山龍平さんの業績の展示室や神戸・御影のお屋敷を再現したコーナーもできている。ご自分が多額の寄付をした美術館も見せてあげられないのでは、あまりにひどい」（小林正世さん）

私も「社主のことよりも世間体を優先させるのはおかしい。それでもあなたは主治医ですか」と強い言葉を使った。

これに対して、吉田医師は「私は主治医ではない。主治医は病院の中根先生だ。だから、私が聴診器をあてるわけにはいかない」

そう激しく反論した。

こうしたやり取りの後、吉田医師は美知子社主の美術館見学にいったんは同意した。病院側に美知子社主の「一時外出の許可」を求める文書にも、吉田医師は署名した。しかし、議論の中で私が吉田医師に「それでもあなたは主治医ですか」と発した言葉は、やはり不用意だったかも知れない。吉田医師の医師としてのプライドを傷つけ、最悪の結果を招いた。数日後、吉田医師は態度を翻（ひるがえ）した。

「社主の美術館見学は延期する。この暑さの中で無謀だと判断する」

私たちは強く反発した。しかし、吉田医師は「美知子さんの身上監護を担当する任意後見人としての判断だ。私は今後、後見人としての責任を果たす。後見監督人の弁護士とも相談した結果だ」と主張した。私は、当時の小倉一彦・朝日新聞大阪本社代表とも話し、村山恭平さんと小林さんにも根回しをしたうえ、「後見人としてのご判断であれば、従います」と伝えた。

吉田医師はこの後、病室の美知子社主に会い、「この暑さの中で、美術館見学で無理をされないほうがいい」「美術館見学はしたくないですね？」と聞いた。付き添いチームの一人が、横から「社主、美術館見学されたいですよね」と言葉を添えると、吉田医師はこの女性を手で振り払い、「あんたは黙っていろ」と睨みつけた。「社主は美術館に行きたくない、とはっきりおっしゃった。これで大丈夫だ」。吉田医師はそう言いながら、病室を出た。

次の会議で、吉田医師はこう言った。

「社主は『美術館を見学したいですよね？』と聞かれれば、『したい』と答え、『行きたくないですよね？』と聞かれれば、『行きたくない』と言われる。つまり、判断能力がないのだ。その場合、社主に代わって、後見人の私が判断する。これが、法律に沿った判断である」

吉田医師は、数日後に開催された、付き添いチームの派遣業者との会議の場で、こう話した。

「私はもう、樋田さんと一緒に仕事はできない。樋田さんが選んだ付き添いチームにもやめてもらう」

私も反論した。

「付き添いチームに落ち度はない。理由なき解雇など認められない」

するると、吉田医師はこう言った。

「私と樋田さんとは世界観が違う。世界観が違う人とは一緒に仕事はできない。樋田さんの世界観で選ばれた女性たち、樋田さんの息のかかった女性たちは全員やめていただく」

吉田医師は、付き添いチームの女性たちについて「夜間に仮眠を取った」「昼間に食事時間以外にも休憩を取った」「病室のシャワーを使った」など、辞めさせる理由を列挙した。

しかし、いずれも二十四時間交代制で勤務するメンバーの労働環境を整えるために私が許可し、決めたものばかりだった。吉田医師は「美知子社主の手の指の拘縮について気付かない、低レベルの介護」と決めつけたが、彼女たちは吉田医師が指摘するよりもはるか前から、手の指の拘縮が進まないように病院の医師や看護師の指導を仰ぎつつ、様々な工夫を凝らして美知子社主のお世話に取り組んでいた。

村山恭平さんは、吉田医師の突然の宣言に怒り、付き添いチームの解雇を撤回するよう求める手紙を作成した。小林正世さんをはじめ、村山家の親類の協力を得て、差出人を「村山家親族一同」として、朝日新聞社社長、香雪美術館館長、北野病院院長、主治医、看護師長ら十数人宛てに投函した。

今度は、香雪美術館の内海紀雄館長が、激怒した。大阪市内の寿司店で偶然出くわした小林正世さんに対して、「なんてことをしてくれたのだ。もし週刊誌などにかぎつけられたら、どうするのだ。世間への恥さらしだ」と怒鳴りつけたのである。

内海氏は、恭平さんが関係者に手紙を出したのは、私が背後で恭平さんをそそのかしたからではないかと邪推した。

朝日新聞社の現役社員である氏家弘二・大阪本社代表室長にも手伝わせて調査をした。その結果を小倉一彦・大阪本社代表に伝えたとみられる。私は後日、小倉代表から呼び出された。小倉氏は「内海さんから頼まれました。樋田さんは村山恭平さんが親類の一人に会って手紙への賛同を求めた時に、一緒にいましたね。そんなことをされると、大変困るんです」と私を追及した。

私は「北野病院で、たまたま一緒にいただけです。私は当事者ではないので、横にいただけです」と答えた。関係者に手紙を出して親族の気持ちを伝える。そんな行動は、美知子さんの親族である恭平さん以外に思いつかないし、実行できない。

しかし、手紙の効果はなく、付き添いの女性たちは一人を除いて、全員が七月末で解雇された。女性たちの派遣会社の担当者が一人一人に電話し、「あなたは七月末で終わりです」と伝えただけで、解雇の理由などは告げられなかった。

泣いてばかりの毎日

付き添いの女性たちはそれぞれの最後の勤務の日、美知子社主に「お別れの挨拶」をした。「社主、もう来られなくなりました。これまでありがとうございました」と告げると、美知子社主は大粒の涙を流し、「なんでやめてしまうの？　お願いだから、やめないで」と何度もおっしゃったという。残っていた一人も一ヵ月後に解雇された。この女性は最後の一ヵ月間、私に電話やメールで社主の様子を伝えてくれた。「社主がおかわいそうです。さびしい、さびしいと言いつづけていらっしゃいます。泣いてばかりの日々です。何が起きたのか、社主はすべてわかっておられます」。彼女が遅れて解雇されたのは、病室などから私に頻繁に連絡してくれた場面を、誰かに見られ、派遣会社に通報されたためかも知れない。

女性たちが解雇された後、吉田医師の攻撃の矛先（ほこさき）は私に向かった。

吉田医師は「これから新しい付き添いチームへの引き継ぎに支障が生じるので、あなたが病院に来るのは週一回に制限する」と私に告げた。私は「私の仕事は社主のお世話をすること。あなたの指図は受けない」と突っぱねた。しかし、吉田医師は内海氏らに会い、私の排除を根回ししたのかも知れない。

八月二二日、私は朝日新聞社の渡辺雅隆社長の「指示」により、美知子社主を訪ねることも、村山恭平さんや小林正世さんら村山家の親族と会うことも禁じられた。

全国高校野球選手権大会の決勝戦、閉会式の前日だった。

私は、阪神甲子園球場の近くのホテルのレストランで、同ホテルに宿泊していた渡辺雅隆社長と会った。渡辺社長はこう話した。

「樋田さんにこんなことをお願いするのは心苦しいのですが、内海（紀雄）さんの樋田さんへの不信の念がおさまりません。なので、しばらくの間、病院へ行くのをやめていただきたいのです。村山恭平さんや小林正世さんと会うのも、控えていただきたい。内海さんは香雪美術館の館長です。香雪美術館は朝日新聞社の全株式の一〇パーセントを所有している大株主なので、無視するわけにはいきません。そのあたりの事情を理解してほしいのです」

私は内心、忸怩たる思いだった。

私の大阪秘書役としての仕事は、美知子社主をお世話することと、村山家の親族と朝日新聞社を仲介することだと心得ていた。その二つの仕事を奪われてしまうからである。

渡辺社長は二〇一四年の従軍慰安婦報道などをめぐって前任の木村伊量社長が退いた後、急遽、社長に抜擢された人物だった。出身の大阪社会部では、私の後輩でもあった。そして、内海氏は、私たちが大阪社会部員だった時代の社会部長だった。内海氏は、看護・介護態勢の問題と、前述の奉賛会と墓石購入の問題で、私が村山恭平さんの側で動いている、と訴えているようだった。渡辺社長が「内海さんから連日のように電話がかかってくる」と辛そうな表情で話すのを聞いているうち、同情し、反論できない気持ちになった。

私は渡辺社長に対し、こう答えた。

「納得はできませんが、社長の意向に従います」

社長の指示に、社員の立場で「ノー」と言う時は、会社を辞める時である。私は定年後の契約社員という立場だったが、あらためて退社の時期を真剣に考えるようになった。そして、退職したら出そうと決めていた朝日新聞襲撃事件の本の準備に本腰を入れ始めた。

一〇月五日、私は北野病院で密かに福坂知美看護師長に会った。福坂さんはこう訴えていた。

「社主のご様子を見ていると、お盆あたりから急激に悪化されました。付き添いチームの総入れ替えという環境の変化がもたらしたものであることは明らかです。私たち看護師はそのように思っています。科学的な立証なんてできません。でも、メンバーの総入れ替えの後、社主が朗（ほが）らかに笑われることがなくなってしまった。朗らかな気持ちが、免疫力を高めるし、体調の維持に繋がるんです」

北野病院リハビリテーションセンターの理学療法士、本田憲胤（のりつぐ）氏も「付き添いチームの総入れ替えは残念でした。美知子社主の心が閉じ、とらわれの身のようなお気持ちになっておられます」と話した。

しかし、吉田医師は美知子社主の病状の悪化について、小倉一彦・大阪本社代表には、こう説明したという。

「病院側はこれまで認識が甘すぎた。私の認識が正しかった。社主は美術館を見学できるような状態ではなかった。そのことを、病院側がやっとわかったのです」

あくまでも自分が正しいという主張だった。

私が朝日新聞社を退職する手続きをした翌日の二〇一七年一二月二六日、小倉代表が私を会社に呼び出して、こう切り出した。

「樋田さん。申し訳ないが、私がこうして話しづらい表情をすれば、わかるでしょ。また、内海さんから強い要請があって、それでお願いするのですが、退社後も村山家の人たちとは接触しない、村山家の問題に関わらないという趣旨の誓約書に署名してほしいんです」

小倉氏はファイルケースから署名を待つばかりの誓約書を取り出した。

私は署名を拒否し、こう言った。

「私はもう会社を辞めており、署名はできません。私がお約束できるのは、これからも朝日新聞社を大事に思いつづける、ということだけです。あとは、信頼していただくしかありません」

小倉代表にも心の底から失望した。この時の私の気持ちを正確に書けば、こうなる。

「小倉さん。あなたは仮にも朝日新聞社の取締役であり、大阪本社で一番偉い人ではないですか。なぜ、会社をとっくの昔に辞めた人の指示に従うのですか? そんな要請は、ご自分の判断で断るか、少なくとも、内海さんが、なんて無責任な言い方はせず、『私の判断で誓約書を求めた』と言ったらどうなんですか」

最期の日々

私が朝日新聞社を退社して半年後、付き添いの女性たちのうち四人が「解雇は納得できない」として訴えを起こした。メンバーの二人が住む和歌山の弁護士事務所を介し、神戸地方裁判所で解雇無効・賃金補償を求める労働審判を起こしたのである。村山恭平さんは、付き添いの女性たちを支援するため上申書をしたためて、神戸地裁に提出した。

一方、吉田医師は、労働審判に訴えた四人と私を批判する言葉で埋まった陳述書を提出したと聞いている。この労働審判の経緯を東京のフリーランスのライターが週刊誌に書いた。それを読んだ藤木氏らは激怒し、「村山家の人間は何を企んでいるのか」と無関係の小林さんらに食ってかかったという。神戸地裁は、「解雇は不当」という女性らの主張に沿って、「解雇に合理的な理由は認められない」として、双方に和解を勧めた。雇用側が金銭的な補償を女性たちにするということで和解が成立した。

二〇一八年一二月二五日、北野病院では美知子社主の容体についての、この年最後のレクがあった。美知子社主の意識はほとんどない状態だった。その中で、病院の主治医、中根英策医師が「村山さんの症状が急激に悪化した場合、人工呼吸器の装着をされますか？　後見人の吉田先生からは同意のサインをいただいていますが、ご親族の村山恭平さんからはサインをいただいていません」と切り出したという。吉田医師は即座に「私の意思は変わっていませんん。承諾サインのままです」と答えた。これに対し、恭平さんは「納得できません」とただちに反論した。

この議論は、私が美知子社主のお世話に携わっていた二年前から続いていた。美知子社主の症状が安定していた時に、病院側から「どんな患者さんに対しても、緊急時の対応を決めていただくようお願いしている。ご本人かご家族の同意をあらかじめ得ておくことになっている」と言われていたのである。

その時点で、美知子社主には人工呼吸装置の装着を自身で決める力は残っていなかった。恭平さんは「伯母を最期の時に苦しめたくないので装着しない」、吉田医師は「装着する」だった。そして、装着の可否を判断する権限があるのは後見人なのか、それとも親族なのか、という争いになった。吉田医師は「弁護士も、私に権限があると言っている」と主張。恭平さんは「法律の本を読んでも、後見人に医療内容への同意権は認めていない。私の顧問弁護士も、後見人にはそこまでの権限はないと言っている」と譲らなかった。

いったん保留になっていた議論が、美知子社主の病状が悪化する中で再燃した。年が明けて二〇一九年一月一一日、恭平さんは議論の途中で、「私は家族とも話し合い、伯母には人工呼吸器を付けないで、自然な形で最期を迎えさせてあげたいという結論になりました。これは後見人が決める問題ではないことを、北野病院の院長に手紙を書いて訴えたい」と話したという。よほど思い詰めてのことだったと思う。

どちらの主張が法的に正しいのか。私が言及する立場にはない。

けれども、最期の迎え方というナイーブな問題で、美知子社主に一番近い親族の主張に、身内ではない後見人がなぜ、そこまで頑(かたく)なに反対するのか。私には理解できない。吉田医師は朝日新聞大阪本社の診療所長を務める産業医であり、美知子社主の病状について逐一、大阪本社代表宛てに報告書を書いていた。

吉田医師が美知子社主の任意後見人になったのも、会社の意向を受けてのことだった。村山恭平さんが吉田医師の後見人就任を知ったのは、就任から約一年後で、恭平さんは当時、朝日新聞社に対して「なぜ知らせてくれなかったのか」と怒り、同社の大阪代表との会食の席を途中で立ったことがある。吉田医師が会社に美知子社主の病状報告をしていることについても「後見人は被後見人のプライバシーを守る義務があるはずだ」と強い不満を持っている。私は、吉田医師の美知子社主への接し方に問題があることを、大阪本社代表や総務部の担当者に訴えてきた。それが聞き入れられなかったのは、私が非力だったからである。

だが、逆に、こうも言える。朝日新聞社という組織は、結局のところ、美知子社主のお気持ちよりも会社の体面を重んじる吉田医師を評価し、最後まで守りきった。なんとなれば、朝日新聞社こそ、体面を重んじ、体裁を気にする会社だったからである。

私は渡辺社長から「北野病院訪問の中止」の指示を受けた後、美知子社主にご挨拶もできないまま、病院を訪ねることを断念していた。美知子社主がいる特別病室は管理が厳重で、出入り口は施錠されている。あらかじめ提出されたリストにある人かどうかチェックして解錠されるのだが、私の名前はリストから外されていた。二〇一八年秋、病状の悪化の連絡を受け、居てもたってもいられず、村山恭平さんにお願いし、二度だけ病室を訪ねた。いずれの時も、美知子社主のお顔には生気がなく、「樋田です。お久しぶりでございます」と声をかけても、ほとんど反応がなかった。二〇一九年一一月の最後の見舞いの際も、美知子社主は意識がない状態だった。私の心の中で、「社主、たくさんのことを教えていただき、ありがとうございます。これでお別れします」と告げた。

美知子社主にお仕えした都合七年余りの歳月をあらためて思う。美知子社主は背筋をしっかり伸ばした生き方をされていた。音楽を心から愛し、音楽に包まれた生涯を送られた。

上品で、ユーモアがあって、控えめで、敬愛すべき人柄だった。病室で、辛くても、眠くても、見舞客の方にきちんと対応されたとき、私は「社主、すごい！」と心の中で快哉を叫んでいた。

私を含め、身内のようになっていた付き添いの女性たちに対し、わがままをおっしゃったり、癇癪を起こされたりすることもあった。そんなとき、付き添いの女性たちは「社主のわがままは、とってもかわいいです」と受け止めていた。

まるで奇跡のような、素敵なおばあちゃんだった、と何度も思い返している。

村山恭平さんや小林正世さんによると、美知子社主は「最期の日々」を安らかに過ごされた。そのことが、せめてもの救いである。

美知子社主。

天国に召されたら、あなたを待っている人たちがいます。幼馴染の仲良しの皆さん、日野原先生、そして元海軍大尉も。天国で楽しく、そして、お幸せに。

（了）

あとがき

村山美知子さんは二〇二〇年三月三日午前〇時一二分、逝去されました。私は最期の時に立ち会うことは叶いませんでした。この本のためにご協力いただき、様々なことを教えていただいた美知子さんのご冥福を心からお祈りします。

思い起こせば美知子さんは二〇一八年の秋以降、亡くなられるまでの一年五ヵ月余りの間、ベッドに横たわったまま、意識がほとんどない状態が続き、言葉を発することは一度もありませんでした。

足繁くお見舞いに通った甥の村山恭平さんや従姉弟の小林正世さんによると、美知子さんは次第にやせ細り、両手の拘縮（こうしゅく）も進み、呼吸が荒い時もあり、外目にも痛々しい様子だったようです。小林さんは「姉（美知子さんのこと）の辛そうな姿を見るたび、涙がこぼれた」と振り返りました。

それでも、体調の良さそうな時には、二人が声をかけると、美知子さんは薄目を開け、目と目が合ったように感じたことが何度もあったとのことです。わずかに残った意識の中で、身内の人たちの温かい心を感じ取り、応えようとされたのかも知れません。病院側の特別待遇ともいえる、手厚い医療・看護の賜物ですが、美知子さんに備わっていた強い精神力と基礎体力によって、九十九歳と六ヵ月の天寿を全うされたのだと思います。

美知子さんの死後、神道に則った密葬が営まれました。その後、朝日新聞社による社葬も執り行われる予定です。

本文に書いたように、美知子さんが残した遺言書が開示され、美知子さんが所有していた朝日新聞社の株式を含む財産のほぼすべてが香雪美術館に遺贈されることになるはずです。このため、香雪美術館は、朝日新聞社の全株式の二〇パーセントを超える株式を所有することになります。従業員持株会を除くと、朝日新聞社の筆頭株主になるわけです。今後、香雪美術館の運営体制がどうなるのか。朝日新聞社の経営の不安定要因になる可能性はないのか。やはり心配になります。

一方、村山家を継ぐ村山恭平さんも美知子さんの財産の一部を相続することになるはずです。

村山美知子さんの波乱に富んだ、しかし華やかな人生を追っていて、ふと思ったのは、彼女は朝日新聞社の象徴天皇のような存在だったのではないか、ということです。

私が神戸・御影の村山邸に通いはじめたころ、美知子さんはまだお元気で、朝日新聞社の株式のうち三六・四六パーセントを持つ大株主でした。

その美知子さんが毎朝、毎夕に配達される朝日新聞を先祖の遺影の前にお供えしてから、おもむろに紙面に目を通しておられました。紙面に意見を述べることは控え、ただひたすら朝日新聞社の繁栄を祈る女性が存在していることに、ある種、神々しさを感じることもありました。

かつての創業者は「絶対権力者」でした。朝日新聞社は村山龍平氏がつくり、一代で日本一の新聞社に育てたのです。龍平氏は人の意見をよく聞く、開明的な専制君主でした。しかし、会社が成長し、人材が育ち、代替わりする中で、「立憲君主制」に向かいはじめました。戦後、「村山騒動」という権力闘争を経て、一九六六年（昭和四一年）、会社の定款を補完する形で「社主規定」が新たに整備されました。勝者となった経営側が、敗者の村山家を制御するために設けられた規定でした。

「会社は、会社の主催する行事または儀式典礼につき、社主に会社の代表となることを委嘱することができる」

「社主は、その地位に鑑み、会社の定款ならびに綱領を尊重し、編集方針に干渉することなく、また経営方針あるいは業務を妨げないものとする」

これによって、社主の地位は実権を伴わないものになりました。「君臨すれども統治せず」という立場になったのです。

美知子さんは、社主として〝象徴天皇〟の役目を懸命に果たしていました。

毎年一月の朝日新聞創刊記念日や新年祝賀会などの式典、あるいは株主総会などに、体調が許す限り車椅子で出席されていました。朝日新聞大阪本社やフェスティバルホールなどが入る新ビルの起工式、あるいは竣工式の日だったのか、大手建設会社などの幹部らが勢ぞろいした神事にも参加されました。

車椅子の美知子さんが最後に会場に入ると、皆一斉に立ち上がって迎え、美知子さんに駆け寄って挨拶する出席者も相次ぎました。このビルの一階入り口の石に刻まれた「定礎」の文字も、美知子さんが入念な練習を重ねて揮毫したものです。

それよりも何よりも、美知子さんは人生の大半を大阪国際フェスティバルに捧げ、村山家が蓄積してきた富と人脈を惜しげもなくつぎ込み、日本の音楽文化の発展に貢献したのです。

晩年の美知子さんは、すべてを分かった上で、あらゆる思いを飲み込み、会社との「最終和解」の道を選びました。そして、社主の立場を引き継いでくれる後継者を決めようとしたのです。朝日新聞社を創業した祖父母を尊敬し、両親を心から慕っていた美知子さんは、養子を立ててでの村山家の存続を心底から願っていたのです。

皇室制度は平成から令和への代替わりを経て維持されるのに対し、朝日新聞社の社主制度は風前の灯です。美知子さんの甥の村山恭平さんも母親の富美子さんから受け継いだ全株式を手放しました。恭平さんは「私がもしも社主になった場合は、最後の将軍、徳川慶喜になろうと思っていた」と話していました。

戦後、社主家と朝日新聞社の経営陣との間に生じた「確執」が歴代の経営陣をいかに悩ませていたのか、その事情は理解できます。私も、経営側から送り込まれ、動いた人間だったからです。しかし、経営陣と村山家との「闘い」の最終局面に立ち会い、時には理不尽でさえあった経営側の冷徹な対応ぶりに、悩み、考えることがしばしばでした。「狡兎死して走狗烹らる」という言葉が中国の古典『史記』にあります。「すばしっこいウサギが死ぬと（敵国が滅びると）、猟犬（動いた功臣）も不要になり、煮て食われる」という意味合いですが、私は、その走狗にもなりきれなかったのです。

美知子さんの側近とされていた「三者委員会」のメンバーが、美知子さんの最後の入院先となった北野病院を訪ねたのは、ほんの数えるほどだったことも記しておきます。彼らは訪問時も、それぞれ用向きがあり、美知子さんと言葉を交わしながら、彼女の容体を確かめるといった、冷めた視線を感じることがしばしばでした。これに対し、美知子さんの甥の恭平さん、従姉弟の小林正世さんは、病院からの病状説明があるレクの日以外も、毎週のように病院を訪ね、親身に接していました。

出版後、恐らく私への悪口雑言が朝日新聞社内の一部から聞こえてくると思います。「朝日新聞社を貶める本は許せない」と。もとより覚悟のうえです。朝日新聞社の経営責任を担った諸先輩の方々に対し、辛辣すぎる言葉を使った場面もあります。ご寛恕をお願いできればと思います。

私は、私を育ててくれた朝日新聞社を愛する気持ちに変わりありません。リベラルな論調、自由な社風も守りつづけてほしいと願っています。朝日新聞社が、販売部数減による深刻な危機に直面し、後輩である現役社員たちが苦境にあることも承知し、心配しています。朝日新聞社はいま、あらゆる意味で出直しを迫られているのだと思います。その出直しのため、私なりの会社への思いを込めたこの本が、多少なりとも役立つことがあるかもしれません。

この本は、クラシック音楽ファンにも読んでいただきたいと思います。美知子さんは、前回の東京五輪のさらに六年前、一九五八年（昭和三三年）に始まった大阪国際フェスティバルでプロデューサーの役割を果たしました。彼女の音楽センスと誠実な人柄は、カラヤン、ロストロポーヴィッチ、ストランヴィンスキー、ワイセンベルク、小澤征爾、佐渡裕、井上道義の各氏ら世界のマエストロや演奏家を魅了し、フェスティバルは戦後の音楽史の金字塔となったのです。この光り輝く祝祭の日々と同時並行して、村山家と朝日新聞社の過酷な「闘争」が続いていたことも、彼女の背負った「宿命」でした。

本書のタイトルは、「レクイエム」としました。神童モーツァルトが生涯の最後に作曲した曲の名です。美知子さんの大阪国際フェスティバルに捧げた人生は、一九五六年のオーストリア・ザルツブルク音楽祭の視察旅行から始まりました。ザルツブルクはモーツァルトの生誕地であり、美知子さんはレクイエムの荘厳で劇的な旋律と歌詞を愛していました。書名に込めた鎮魂の思いが、天国の美知子さんに届くように祈っています。

最後に、執筆を支えていただいた講談社の浅川継人さん、校閲チームに感謝します。私の家族にも心から感謝します。

読者の皆さんのご理解を得られれば幸いです。

この本を天国の村山美知子さんに捧げます。

二〇二〇年（令和二年）三月

樋田毅

樋田 毅（ひだ・つよし）

ジャーナリスト。１９５２年、愛知県出身。県立旭丘高校卒、早稲田大学第一文学部社会学科卒。'78年、朝日新聞社に入社。高知支局、阪神支局を経て大阪社会部へ。大阪府警担当、朝日新聞襲撃事件取材班キャップを務めたのち、京都支局次長、地域報道部・社会部次長、和歌山総局長。朝日カルチャーセンター大阪本部長等を経て、'12年から'17年まで大阪秘書役を務め、同年12月退社。著書に『記者襲撃　赤報隊事件30年目の真実』（岩波書店）がある。

最後の社主

朝日新聞が秘封した「御影の令嬢」へのレクイエム

二〇二〇年三月二六日　第一刷発行
二〇二〇年六月三〇日　第三刷発行

著者　樋田 毅

発行者　渡瀬昌彦
発行所　株式会社 講談社
東京都文京区音羽二丁目一二－二一　郵便番号一一二－八〇〇一
電話　編集　〇三－五三九五－三五二二
販売　〇三－五三九五－四四一五
業務　〇三－五三九五－三六一五

印刷所　株式会社新藤慶昌堂
製本所　株式会社国宝社

ISBN978-4-06-519632-8